EBS 교육대기획 「대학 입시의 진실」에 쏟아진 추천의 말들

경제적으로 넉넉하지는 않아 아이를 어떻게 대학에 보내야 하나 걱정이
되는 두 아이의 학부모입니다. 이 다큐멘터리를 보면서 부모의 부와 정보
력으로 자녀가 좋은 대학에 들어가는 현실이 불공정하다고 한탄했습니
다. 정책 입안하시는 분들이 이 프로그램을 꼭 보셨으면 좋겠습니다.

_ enddldjaak님

지역·빈부·부모의 직업에 따라 대입의 당락이 결정되는 게 우리나라 교
육의 현주소입니다. 그나마 객관적이고 공정한 평가를 받을 수 있고, 흙
수저에게도 희망이 될 수 있는 입시 제도를 만들어 주세요.

_ ooteacher님

대학 입시는 전쟁터, 왜 우리 아이들은 그 좋은 나이에 전쟁부터 치러야
하는지, 이 프로그램을 보고 그저 가슴이 답답했습니다.   _ 박*규님

대학생, 학부모, 교사 모두를 거짓말쟁이로 만드는 교육 현실에 자꾸 고
개를 숙이게 됩니다.

_ clsgksclsrn님

돈이라도 많다면 아이가 잘하는 쪽으로 편하게 밀어주고 싶지만 그럴수
도 없는 현실이네요.   _ sunmi17님

일반고보다 8배나 더 비싼 국제고 학비, 일반고보다 11배나 높은 자사고

의 체험활동비, 학교 유형별 부모의 직업 차이과 소득 격차, 그리고 정보 격차… 입시는 이제 불평등의 다른 이름이 되었습니다.   _ king77님

유치원, 초등학교 때부터 선행학습을 해야 하고 그마저도 부모의 능력이 없으면 할 수도 없습니다. 이미 경주의 출발선부터 불공정하죠. 게다가 아이들은 경주마처럼 달리다 몸과 영혼이 병듭니다. 이러한 교육현실을 적나라하게 보여 주고 모두에게 문제의식을 던져 주는 좋은 시간이었습니다.   _ 강*영님

우리 아이는 새벽까지 공부를 하면서도 할 게 많다고 이야기 합니다. 그런 아이를 볼 때마다 부모로서 너무 마음이 아픕니다. 이 프로그램을 보면서 우리나라의 교육현실을 뼈저리게 느꼈고 공정한 입시 제도의 필요성을 절감합니다.   _ 이*탁님

지역차별이 이렇게 심각한 줄 몰랐습니다. 서울 아이들에게 당연히 주어지는 혜택이 지방 아이들에게도 주어질 수 있도록 공공기관과 연결해서 법원이나 병원 등 여러 곳에서 다양한 경험을 하도록 연계하는 방안을 제안해 봅니다.   _ miracle-7777님

해방 이후부터 현재까지 대학 입시가 어떻게 변화해 왔으며, 대학별 단독 시험기부터 오늘날 수능과 학생부종합전형에 이르기까지 그 흐름에 대한 고찰과 사회학적 통찰이 흥미롭습니다.   -김*해 님

고1 아들을 둔 학부모입니다. 지금까지 대입 제도는 수없이 바뀌었고, 그때마다 아이들은 지쳐갑니다. 학종 전형의 불공정성에 대하여 아이의 학

업 역량과 잠재력을 공정하게 평가할 방법을 고민해 주세요. _ sunshine님

화려한 수상경력이 없고, 부모님의 혜택을 받지 못하고, 조용하고 눈에 띄지 않아 묻히는 아이들을 돌아보게 되었네요. 학생부종합전형이 상위권 학생을 위한 특별관리가 아닌 모두를 위한 전형이 될 수 있도록 보완해야 합니다. 이렇게 좋은 프로그램을 만들어 주셔서 감사합니다.
_ 오seong5555님

이 프로그램은 대학 입시에 대한 역사를 한 눈에 보여 주면서 우리나라의 교육정책의 변화와 그 변화의 본질이 무엇이어야 하는지, 어떤 방향으로 나아가야 하는지 우리에게 깊은 물음을 주었습니다. _ 김*샘님

봉사까지 엄마가 해 주는 현실……. 우리 아이들은 어떻게 자랄까요?
_ bhw7890님

교사로서 교육개혁은 꼭 필요한 과제라고 생각합니다. 현실적으로는 해야 할 업무가 많아 아이들을 자주 만나지 못했습니다. 방송을 본 후 교사의 본분이 무엇인지 다시 한 번 자각했습니다. 저부터 학생들과 더 자주 만나 그들의 이야기에 귀를 기울여야겠습니다. _ 33tbjsam님

방송을 보면서 아이들의 다양성을 인정해 주는 사회가 되기를 바랐습니다. 긴 시간이 필요하겠지만 좋은 교육정책이 정착될 때까지 애정 어린 마음으로 응원해야겠습니다. _ ohnew한님

이 프로그램은 교육이라는 화두 이전에 나라는 사람이 어떻게 살아가야

하는지 인생의 물음을 안겨 주었습니다. _ bluegreen75님

다큐를 보면서 공부란 게 무엇일까 생각해 보았습니다. 새는 날고, 꽃은 꽃을 피우고, 물고기는 헤엄을 치죠. 생명체마다 각각 특성이 있고 배워야 할 게 있습니다. 학생들도 개개인만의 특성이 있습니다. 학생 한 사람, 한 사람의 가치를 발현할 수 있는 모든 경험들이 공부가 아닌지. 지금껏 공부라는 말을 너무 좁게만 생각한 것 같습니다. _ 84@arahan님

저도 지금까지 다른 사람들이 세운 기준이나 목표에 맞춰 따라가라고 내 아이를 채찍질하고, 그에 미치지 못하면 나무라곤 했습니다. 다큐에 나오는 타이거 맘을 보면서 마음이 뜨끔했습니다. 다른 아이들을 바라볼 때도 소위 스펙이라는 기준으로 판단한 것은 아닌지 반성하게 되네요. 이제는 아이 자체를, 아이가 지닌 가능성을 제대로 바라봐야겠어요. _ alstjd78님

사람이 사람답게, 평등하게 살아가는 세상을 만들기 위해서는 제대로 된 교육이 밑바탕이 되어야 한다는 걸 느꼈습니다. _ kss9178님

'교육은 백년지대계'라고 합니다. 먼 앞날까지 바라보고 교육계획을 세울 수 있어야겠지요. 자꾸 반복되는 교육개혁. 이제는 과거와 같은 우를 범하지 않고 아이들이 제도에 의한 희생양이 되지 않는 교육정책이 되었으면 합니다. 다큐를 보고 새로운 희망을 가져봅니다. _ hanna**52님

미친 듯이 공부만 하는 현실이 슬퍼요. 입시위주의 교육보다는 우리가 가려는 길이 무엇인지 고민할 수 있는 시간을 주고, 그 길을 찾아갈 수 있도록 도와주는 게 먼저인 것 같아요. _ angel**님

나는 누구? 여긴 어디? 진로가 고민 중인 중딩입니다. 다큐에 나오는 인 창고 선배들 대박! 저도 좋아하는 일을 찾아서 열정을 불 싸질러 보고 싶 어요.
_ @@@www33님

중하위권 아이들을 위해 현장에서 고군분투하시는 선생님을 보고 '희망 은 있구나' 하고 생각했어요. 저도 학교 다닐 때 저런 선생님을 만났더라 면 좋았을 텐데……. 대한민국 학생, 학부모, 교사 모두 파이팅입니다!
_ hee2848님

뒤늦게 초등학교 교사가 되려고 하는 직장인입니다. 교사가 되기 전에 교 사란 어떤 존재인지, 아이들을 진짜 인재로 키우기 위해서 어떻게 해야 하는지 심사숙고할 수 있었습니다.
_ helper22님

교육학을 전공하는 대학원생입니다. 외국의 학생부 사례를 보면서 우리 나라 학생부도 검증된 몇 가지만 기록한다면 어떨까 생각했어요. 방송이 말하는 것처럼 입시를 복잡하지 않고 간단하게 만들 것, 그것이 교육정책 의 핵심과제인 듯합니다.
_ jsh1998^^님

이 프로그램을 보고 난 후 고등학교 시절을 떠올렸습니다. 친구들이 경쟁 상대가 되었던 그 시간은 가혹했습니다. 하지만 지금 제 곁에서 힘이 되 어주는 것은 몇몇 친구입니다. 내 아이들에게도 무엇이 소중한지 가르쳐 주고 싶습니다.
_ 한*수님

막연히 진짜 인재는 남들보다 뛰어난 실력을 가지고 세상의 요구에 부응 하는 능력자가 아닐까 단정했습니다. 남보다 더 좋은 스펙을 쌓기 위해 이리 뛰고 저리 뛰는 학부모와 학생들을 보며 마음이 무거웠습니다. 친구들을 위해 빵을 굽고 후배들을 가르치기 위해 밤을 새서 연구하면서도 즐거워하는 대학생들의 모습 속에서 진짜 인재가 누구인지 어렴풋이 알 것 같았습니다. 이 다큐멘터리는 진짜 인재를 양성하는 교육이 무엇인지 방향성을 제시해 주는 듯했습니다. _ 0*ekwjdekwjd님

보모의 경제력과 정보력이 좌우하는 입시… 부모가 같이 뛰어야만 입시라는 좁은 문을 통과할 수 있는 지금, 막막하기만 합니다. _ dl*dud15님

목동에 살고 있는 엄마입니다. 방송에서 나온 것처럼 대입을 치른 엄마들은 "수시는 운이고, 정시가 낫다"고 말합니다. 현실을 그대로 반영한 말입니다. 부디 중고생을 키우고 있는 학부모의 다양한 의견을 잘 듣고 그것이 정책에 반영되었으면 좋겠습니다. 하루 빨리 교육정상화가 이루어져 아이들이 노력한 만큼 보답 받을 수 있는 사회가 되기를 간절히 바랍니다. _ wjdgodus88님

정말 슬프네요, 명문대에 진학할 학생들 소수를 선발해 그들에게 올인하는 것이 학생부종합전형의 취지를 따르는 것일까요? _happiny12님

어른으로서 부끄러움을 느꼈습니다. 아이들은 그들이 원하는 공부가 아니라 어른들이 원하는 공부를 하고 있다는 생각이 들었습니다. 공부를 잘해서 대기업에 들어가고 고위 공무원이 되는 것이 진짜 아이들이 원하는 것일까요? 아이들이 원하는 것은 스스로 무엇을 하든 어떤 직업을 갖든 행복한 게 아닐까 하고 생각했습니다. _ kelly224님

EBS 다큐프라임

대학입시의 진실

EBS 다큐프라임

교육대기획

대학입시의
진실

EBS 미디어 기획 | EBS 「대학입시의 진실」 제작팀 지음

다산에듀

"꿈을 향한 3년의 노력은 한순간에 물거품이 되었습니다.
선생님, 사회와 학교가 이런 곳입니까?
특정한 사람만 전폭적인 지지를 받는 곳입니까?
학교는 우리의 노력을 좌절시키는 곳입니까?"

– 광주의 한 여고생이 쓴 글,
EBS 다큐프라임 「대학 입시의 진실」 한 장면 중에서–

프롤로그

■

■　지난 해, 광주의 한 고등학교 학생이 우리 사회를 규탄하는 성명이 담긴 A4 용지를 학교에 뿌렸다. 치열한 입시 전쟁에 몰린 채 살고 있는 학생들의 상대적 박탈감과 불공정한 경쟁에 대한 분노가 담긴 글이었다. 학교생활기록부^{학생부} 조작과 관련한 이 사건은 우리 사회에 큰 충격을 안겼다.

　이 학교 교장과 교사는 일부 학생이 수시에 유리한 점수를 받게 하기 위해 교육행정정보시스템인 나이스_{NEIS}에 수백 회 무단 접속, 학생부에서 '세부 능력 및 특기 사항'을 수십 번 조작했다. 나이스는 담임 교사와 해당 과목 교사만 입력과 수정이 가능한데도 불구하고, 교장은 권한이 없는 학년 부장 교사에게 권한을 부여해 학생부를 수정하도록 한 것이다. 학생부종합전형이 만들어진 취지와는 정반대의 일이 생긴 것이다.

도대체 어떻게 이런 일이 일어날 수 있었던 것일까. 학생부종합전형은 교과 영역뿐 아니라 비교과 영역에서 학생의 다양한 재능을 두루 평가하겠다는 취지에서 만들어졌다. 그러나 제작팀의 취재 결과 그 도입 취지를 훼손하고 왜곡하는 현실이 속속 드러나기도 했다. 과연 이 문제를 어떻게 다뤄야 할까. 고민에 고민을 거듭할 수밖에 없었다.

• • •

이런 분위기 속에서 2017년 5월에 방송된 EBS 다큐프라임 교육대기획 「대학 입시의 진실」연출 김한중, 남내원은 우리 사회의 입시 교육에 대한 문제를 파헤친 프로그램이다. 역대 최대 규모에 해당하는 3만 8천여 명의 교사, 학생, 학부모 설문 조사를 통해 입시 현장에서 벌어지고 있는 불편한 진실을 목도하며 40년에 걸친 입시제도 변천사 분석을 통한 교육 격차와 불평등의 전개 과정을 조사했다. 1년 6개월간 실험과 조사에 매달렸고 6부에 걸쳐 방송을 마련했다1부 「학생부의 두께」, 2부 「복잡성의 함정」, 3부 「엄마들의 대리전쟁」, 4부 「진짜 인재, 가짜 인재」, 5부 「교육 불평등 연대기」, 6부 「대학 입시, 불편한 진실을 넘어서」.

쉽지 않은 여정이었다. 취재 과정은 난관의 연속이었다. 취재원은 쉽게 입을 열지 않았고 필요한 정보에 접근하는 것은 차단돼 있었다. 탐문과 잠입이 불가피했다. 조심스럽게 제보창구를 마련했다. 학생, 학부모, 교사, 사교육 관계자들로부터 충격적인 제보가 쏟아졌다. 3개월에 걸쳐서 전국 방방곡곡의 제보자들을 모두 만났다.

이후에는 제보자들의 증언을 실증적으로 입증해 내야 하는 과제에 직면했다. 조사와 연구, 그리고 방대한 데이터와의 전쟁이 시작되었다. 학생부 정성분석, 대입 전형에 대한 교사, 학생, 학부모 인식 조사, 입학사정관 인식 조사, 학부모 대상 대입 전형 모의고사, 학생부 기재 내용 국제 비교 조사, 공간과 교육 격차 연구 등 방송사상 처음 시도되는 연구 조사가 속속 진행되었다. 수많은 전문가와 연구팀이 짧게는 6개월 길게는 1년 동안 쉽지 않은 연구 과제에 매달렸다.

이 조사를 진행하는 과정에서 정말 많은 사람들과 의사소통을 해야 했다. 전국시도교육감협의회 담당자에게 우리의 기획의도를 설명하고 설득해야 했다. 이런 대규모 조사가 그동안 없었기 때문에 설득을 하는 과정이 쉽지 않았다. 그래서 더더욱 인구 비례와 학교 유형 등 항목을 정밀하게 나눠 철저하게 설문 조사를 준비했다. 이 방대한 자료를 리서치 전문 기관에 분석을 의뢰해 우리 프로그램 구성의 주요 기반으로 삼았다.방송에 다뤄진 수치는 자료의 극히 일부분이다. 또 '대학내일 20대연구소', 『수박 먹고 대학 간다』의 저자이자 입시 전문가인 박권우 선생님의 도움을 받아 다양한 조사를 진행했다. 다행히 좋은 취지를 공감해 주셔서 진행하게 됐고, 현장을 반영한 제대로 된 결과가 나와서 다행이라고 생각한다. 2015년 가을부터 기획을 시작한 후, 총 1년 6개월의 제작 기간이 소요됐다.

· · ·

막연하게 추측했던 폐단이 실제 조사 결과로 나타나니 충격이 컸다. 방송은 부모의 경제력에 따라 대입 정보 격차가 발생하는 것에 주목했다. 정보와 부의 격차가 상위권 대학 합격을 좌우한다는 것은 차마 믿고 싶지 않은 현실이었다. 여기에 학부모의 공포심을 활용해 침투한 사교육 업체의 행태와 최상위권 학생들에게 학생부에 기재되는 수상 실적을 몰아주는 불공정한 경쟁, 고급 입시 정보를 쥐고 있는 대학 교수와 입시 학원의 은밀한 거래, 학생이 자신의 학생부 세부 항목을 적어 가면 교사가 이를 토씨 하나 안 고치고 기재하는 어이없는 행태들이 쏟아졌다. 개천에서 용이 나기 참 어려운 사회, 이른바 금수저와 흙수저가 만연한 불평등한 구조를 확인하고 나니 허탈해지기까지 했다.

프로그램의 지향점 구실을 한 것은 제보자로 나선 학생의 말이었다. 학생부의 탈법적 운영을 고발한 그 학생은 인터뷰를 마치고 끝내 눈물을 흘리며 말했다.

"이 이야기를 너무나 하고 싶었는데 아무에게도 할 수 없었어요. 선생님에게도 부모님에게도 할 수 없어 너무 괴로웠는데 아저씨한테 말하고 나니 이제 후련해요. 제 이야기를 방송에 내지 않아도 상관없어요. 제 이야기를 들어준 어른이 있다는 사실만으로도 위안을 받았습니다. 고맙습니다."

도대체 어른들은 이 아이들에게 무슨 짓을 한 것인가. 교육이라는 이름으로 입시라는 이름으로 자행되고 있는 제도의 폭력과 방임은 과연 면죄부를 받을 수 있는 것인가. 현실을 보았다고 허탈해 할 문제가 아니라고 생각했다. 수많은 도움을 주신 분들의 마음을 떠올리며 다시 힘을 모았다. 불평등한 교육이 우리 사회에 어떤 문제를 발생하게 했는지, 비정상으로 흐르고 있는 이 제도를 어떻게 고쳐야 하는지 반드시 방송으로 내보내야 한다는 사명감이 생겼다.

모든 구성원들에게 공정한 기회가 주어지는 것은 민주주의의 든든한 근간이다. 균등한 교육 기회는 헌법에 보장된 권리이자 우리 사회에서 가장 중요한 상식이다. 그 상식이 무너졌다면, 공정한 시스템을 다시 만들어야 한다. 정시든 수시든 상관없이 지역에 따라 부모의 소득 격차에 따라 교육이 차별적으로 이뤄지면 안 된다고 우리는 믿는다. 그렇기에 공정한 입시를 만드는 일은 우리 어른들이 다음 세대를 위해 반드시 해야 하는 일이다.

· · ·

방송 이후 다시 1년이 지났다. 대학 입시에 대한 논의는 여전히 현재진행형이다. 프로그램이 책이 되어 나온다니 또 걱정이 앞선다. 그동안 학생들의 부담은 가벼워졌는가? 학부모들의 고통은 줄어들었는가? 선생님들의 업무는 경감되었는가? 우리 사회는 해답을 찾기 위한 진정성 있는 노력을 하고 있는가? 평등과 공정, 정의를 자신 있게 외칠 수 있는 세상이 되었는가? 문제를 제기한 제작자의 답답함과 부끄러움 또한 현재진행형임을 고백하지 않을 수 없다. 제작진은 희망한다. 우리가 취재한 내용이 언젠가는 현실에서 사라지기를.

마지막으로 이 프로그램에 함께 참여했던 고등학생, 대학생, 교사, 교수, 교육 관계자 여러분께 깊은 감사의 말씀을 드린다. 방송이 나간 후 수많은 분들이 지지의 말씀을 전해 주셨다. 저희에게 많은 공감과 의견을 보내 주신, 제작진이 담아낸 내용 이상으로 느끼고 이해해 주신 시청자들에게도 고개 숙여 감사드린다.

EBS 다큐프라임 「대학 입시의 진실」은 정말 많은 사람들의 땀과 눈물로 만들어졌다. 프로그램 기획과 제작과정에서 끊임없는 영감을 준 선후배 동료들을 비롯해, 언제나 든든한 소나무같은 공동 연출자 남내원PD, 1년 반 동안 열악한 조건에서도 혼신의 노력을 다한 고희갑 작가와 윤승희 작가, 방대한 자료 조사와 수많은 취재원 관리에도 한 치의 빈틈을 보이지 않았던 강민아 작가와 고민경 작가, 늘 성실했던 이영선, 남경우 조연출, 가장 정확하고 명쾌한 내레이션을 선보인 안지환 성우, 쉽지 않은 촬영 현장을 지켜 준 박은상 감독을 비롯한 영상팀, 그리고 편집감독, 음악감독, 효과감독, 그래픽 감독, 기술감독, 미술감독, 행정팀, 법무팀, 차량팀 등 EBS의 제작진과 오직 사명감으로 우리의 기획에 동참해 준 외부 연구 조사팀 모두에게 깊은 감사를 드린다.

책으로 다시 엮은 EBS 다큐프라임 「대학 입시의 진실」을 통해 그동안의 고민과 공감들이 더 깊고 넓게, 독자 여러분께 전해진다면 더없이 기쁠 것이다.

EBS 다큐프라임 「대학 입시의 진실」 제작팀

차례

학교생활기록부.
자신의 학생부에 대해 기억하고 있다면 떠올려 보자.
예전의 학생부와 지금의 학생부는 다르다.
지금의 학생부에는 인적 사항부터 학적 사항, 수상 경력, 자격증,
봉사 활동 등 많은 것들이 기록된다.
이 학생부의 두께가 대학의 당락을 결정하는 중요한 요소라면 어떤가?
내신 등급에 따라 학생부의 분량과 내용이 달라진다.
학교에서는 명문대에 한 명이라도 더 보내기 위해
소수의 학생들만 관리한다. 관리를 받지 못한 학생들은
자신들을 '버려진 카드'라고 이야기한다.
100명에게 가야 할 관심이 오직 1명에게만 향한다.

1장

학생부의 두 얼굴

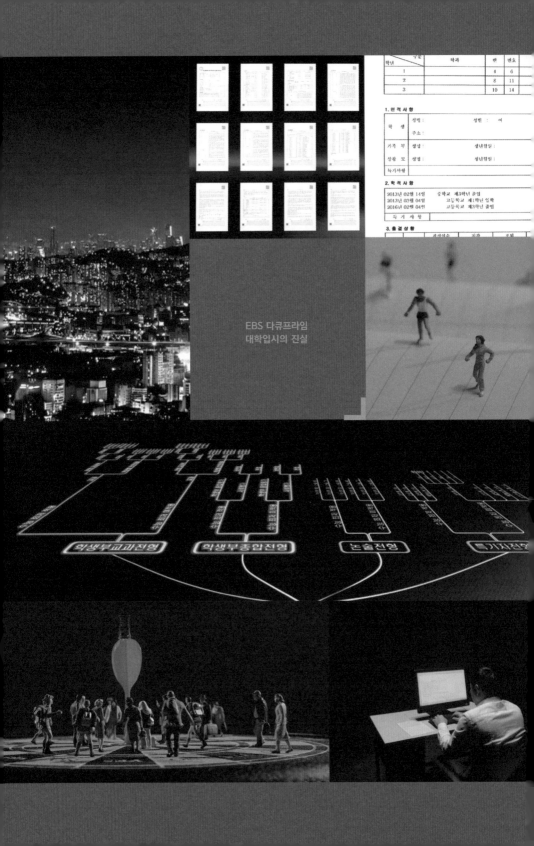

EBS 다큐프라임
대학입시의 진실

1.

학생부의 두께가
말하는 것

학생부의 진실

　　우리나라 대학 입시 제도는 끊임없는 변화를 겪어 왔다. 서열화를 이유로, 학생들의 사고력을 높이기 위해, 수험생의 부담을 줄이겠다는 명목하에 다양한 방식이 논의되고 시행되었지만 여전히 대학 입시는 뜨거운 감자와 같다.

　　현재 대학 입시에는 수시와 정시가 있다. 수시는 다시 학생부교과전형, 학생부종합전형, 논술전형, 특기자전형 등 네 가지 전형으로 나뉜다. 이 중 학생부를 입시 평가에 적극 활용하는 전형은 수시에 있는 '학생부교과전형'과 '학생부종합전형'이다. 학생부교과전형은 학생부의 내신 성적을 중점적으로 평가하기 때문에 교과 성적이 우수한 학생을 위주로 선발한다. 학생부종합전형은 고등학교 재학 중 학생부에 기록된 교과 내용을 비롯하여 동아리·독서·봉사 활동 등 비교과 전반의 성취를 바탕으로 한다. 여기에 자기소개서, 추천서, 면접 등을 더해 학생을 최종 선발한다.

여기에서 주목해야 할 것은 '학생부'다. 학생부는 일명 학교생활기록부로 학생의 인적 사항부터 학적 사항, 출결 사항, 수상 경력, 자격증 및 인증 취득 사항, 진로 희망 사항, 학년별 자율 활동, 봉사 활동, 동아리 활동, 과목별 세부 능력 및 특기 사항, 독서 활동, 행동 특성 및 종합 의견을 기록하게 되어 있다. 대학에서는 학생부의 기록을 전제로 하되 자기소개서와 면접에서 드러나는 수험생의 잠재력과 발전 가능성을 평가해 학생들을 선발한다. 결국 학생부가 대학 입시와 직결된다는 의미다.

이 학생부를 대학 입학 평가에 활용하는 비율은 계속해서 증가해 왔다. 학생부 반영률이 높은 수시의 경우, 2018학년도에 70%를 넘어서 10명 중 7명은 학생부 중심의 평가로 선발했다. 하지만 이 학생부 중심의 전형은 '금수저 전형', '깜깜이 전형'이라는 비판이 제기될 만큼 그 공정성을 의심하고 비판하는 목소리가 거세

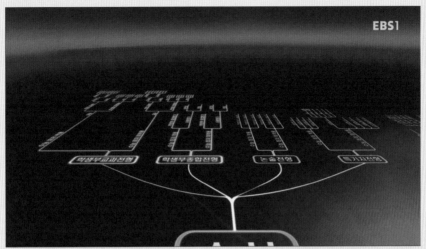

입시는 수능 성적 위주인 정시 전형과 특기자전형·논술전형·학생부교과전형·학생부종합전형 등
의 수시 전형으로 나뉜다. 수시 전형의 선발 기준은 다양하지만, 대세는 '학생부'다.

학생부는 학생의 인적 사항뿐만 아니라 성적, 특별 활동, 행동 특성, 신체적 발달 사항 등이 총체적으로 기록되는 학생들의 성장 기록이다.

졌다.

2018년 4월 대통령 직속 국가교육회의는 대입 제도 개편 특별 위원회를 구성해 본격적인 공론화 절차에 들어갔다. 학생부종합전형학종과 수능전형의 적정 비율, 선발 시기수시·정시모집 통합 여부, 수능 평가방식절대평가·상대평가·원점수제 등 핵심 3가지 안건을 포함하여 권역별 토론회와 TV토론, 국민참여형 공론절차를 거쳐 대입 제도 개편 안을 마련할 예정이다.

'학생부'를 둘러싼 입시 제도, 과연 무엇이 문제일까?

일반적으로 학생부는 학생들의 성장 기록이라고 할 수 있다.

교사는 학생이 학교에서 어떻게 생활하고 있는지를 관찰하고, 그것을 구체적으로 기록한다. 이 성장 일기를 볼 수 있다는 것은 학생에게도 교사에게도 분명 도움이 되는 측면이 있다.

그러나 학생부가 시험 전형의 일부가 되면서 단순히 학생들의 성장 기록만으로 볼 수는 없게 되었다. 학생들은 고등학교 1학년 때부터 학생부를 꾸준히 관리해야 한다는 압박감을 느끼고, 일부 교사들에게 학생부를 기록하는 일은 의무를 넘어 특권이 되기도 했다. 이렇듯 학생부가 그 어느 때보다 중요해지고 해마다 학생부를 둘러싼 문제점이 많이 발생하면서 학교 안팎의 상황도 급변하고 있다.

혹시 자신의 학생부가 얼마나 두꺼웠는지 기억하는가? 1980년대에 고등학교를 다녔던 사람이라면 2장 정도로 기억할 것이다. 지금처럼 '학생부의 두께'를 말할 수 있는 분량조차 되지 못했다. 대학 입시에 학생부 전형이 포함되기 시작한 2010년대는 어떨까? 1980년대와는 비교할 수 없을 만큼 두껍다. 그렇다면 실제 대학 입시를 위해선 어느 정도의 기록이 있어야 할까? 학생 한 명의 학생부는 최대 몇 장까지 나올 수 있을까?

고등학교 3학년생인 지은이는 5~6장도 만들기 어려울 것 같은 학생부를 무려 25장이나 만들었다.

25장이 넘는 한 학생의 학생부. 이 두꺼운 학생부를 만들기 위해서는 학생의 노력뿐 아니라 학교의
적극적인 관리가 요구된다.

■ **김지은(가명)** | 고등학생

"전 학교에서도 굉장히 특별한 경우예요. 혼자 이렇게 많이 챙
긴 사람은 저희 학교에도 거의 없거든요."

누구나 지은이처럼 하기는 어려울 것이다. 대학 입시 전형에
넣을 수 있을 만큼 학생부를 만들려면 삼박자가 고루 갖춰져야
하기 때문이다. 첫째는 성적이다. 둘째는 자신이 목표로 한 계획
을 전부 소화해 내는 역량이다. 셋째는 이것을 지지하고 지원해
줄 선생님의 존재다. 그러나 이 세 가지를 모두 갖추는 일이 과연
모든 학생들에게 해당되는 이야기일까?

제작팀은 실제 학생부의 평균적인 분량이 어느 정도 되는지 알아보았다. 한 사설 학원 관계자는 "모 자사고의 경우 학생부가 20 장씩 나오지만 보통 일반고의 경우는 많아야 5~6장 정도 나오죠"라고 했다. 취재를 하면서도 왜 이렇게 차이가 큰지 의아할 수밖에 없었다. 특정한 학교, 혹은 특정한 학생들의 학생부만 관리되고 있는 것은 아닌지 의혹도 생겼다. 이런 사실에 대해 학생들은 어떻게 생각하고 느끼고 있을까? 고등학생 현용이의 이야기를 들어 보았다.

■ **김현용(가명)** | 고등학생

"학교에선 거의 학생부를 챙겨주지 않아요. 말하자면 저희는 '버리는 카드'예요."

이렇게 생각하는 학생은 현용이만이 아니었다. 다른 학생들의 말도 현용이와 비슷했다. 성적이 안 되는 학생들은 학교에서도 아예 학생부 전형으로 밀어주지 않는다고 했다. 그들은 학교에서 약자였고 '버려진 카드'라고 스스로를 여기고 있었다. 그 반대의 경우도 있었다. "제 능력으로 대학에 온 게 아니예요. 거의 부모님 돈으로 의대에 들어온 거나 마찬가지죠"라고 대놓고 이야기하는 학생도 있었다.

그러나 학교에서 밀어주든 밀어주지 않든 부모의 재력으로 대학을 갔든 아니든 학교 현장에서 만난 학생들의 이야기를 들을수록 한 가지는 분명해졌다. 학생들이 학생부를 신뢰하는 게 아니라 오히려 불편한 시각을 갖고 있다는 점이었다.

그렇다면 교사들은 어떻게 생각하고 있을까? 학생들과 생각이 크게 다르지 않은 듯했다. 한 고등학교 교사는 "솔직히 몰빵이 있죠. 아무리 학생부를 밀어주려고 해도 성적이 안 되는 애들은 학교에서도 밀어 줄 생각을 아예 하지 않아요. 원한다고 되는 게 아니예요. 여기에도 흙수저가 있는 거죠"라고 말하기조차 했다.

교사조차 이런 생각을 갖는 현실에서 학생들은 어떤 생각을 하고 있을까? 아무리 현실이 부정적이라도 학교가 대학 합격이라는 결승점까지 골인할 수 있도록 도와주는 곳이길 바라지 않을까? 가느다란 희망일지라도 그 희망이 보이는 한, 학생들은 자신이 잡을 수 있는 끈을 놓치고 싶진 않을 터였다. 그러나 학교는 정작 학생들의 바람과는 다른 곳이 되어버린 듯했다. 낮게 중얼거리는 은진이의 고백이 씁쓸하게 들려오는 이유였다.

■ **고은진(가명)** | 고등학생

"학교는 우리를 도와주고 끌어주는 곳이라고 생각했는데……
저 같은 애들한테는 아니었어요."

광주 A여고 학생부 조작 사건

2017년 광주 A여고에서 학생부 조작 사건이 있었다. A여고는 학기 초에 성적이 우수한 학생 10명을 선발했다. 그리고 그 학생들을 지도할 교사를 지정했다. 학생부종합전형을 염두에 두고 서울대나 서울 소재 명문 대학교에 합격시키도록 1학년 때부터 고3이 될 때까지 성적과 학생부를 '관리'하기 위해서였다. 심지어 학교 측의 '관리'에는 교육행정정보시스템인 '나이스NEIS'에 접근해 학생의 학생부 기록을 수정하는 것도 포함되어 있었다. 놀라운 것은 이 모든 일이 교장의 지시 아래 이뤄졌다는 점이다. 이 사건을 담당했던 광주지방경찰청 사건 관계자의 말을 직접 들어보았다.

■ 광주지방경찰청 지능범죄수사대 담당 형사

"나이스에 접근해 학생부를 기록하고 수정하는 권한은 담임교사나 과목별 해당 교사에게만 부여해야 합니다. 그런데 기록을 확인해 보니 이 학교는 담임이나 해당 교과 교사가 아니라 타 교과 교사에게 맡겼더라고요. 타 교과 교사가 소수의 특정 학생들 기록을 수정하고 입력한 거죠."

학생부를 기록할 수 있는 권한은 담임 교사와 과목별 해당 교사에게만 부여되는 일이다. 그런데 타 교과 교사가 버젓이 수정하는 일이 벌어졌다. 이에 대해 다른 교사들은 어떻게 생각할까? 광주 사학비리 척결대책위원회 위원장인 장영인 교사는 이렇게 말했다.

■ **장영인** | 광주 사학비리 척결대책위원회 위원장·고등학교 교사

"수학 교사인 학년 부장이 영어 과목을 기록한 거예요. 학생부 세부 특기 사항에 '수업 시간에 영어로 발언하는 등'이라는 말까지 써 넣었죠. 이것은 자신의 권한을 벗어난 정도를 넘어서 범죄 행위예요."

아이들을 가르치고 지도하는 데 공정해야 하는 교사가 타 교과의 세부적인 사항까지 맘대로 적어 넣었다는 대목은 누가 들어도 충격적인 이야기였다. 그러나 학생부 조작 사건은 이뿐만이 아니었다. 조사를 할수록 더욱 믿기 힘든 사실이 드러났다. 이 교사는 229회 무단 접속, 36회 '과목별 세부 능력 및 특기 사항' 입력 및 수정 그리고 그 과정에서 성적까지 조작했다.

목적 없는 범죄는 없는 법, 이 교사는 과연 누구를 위해서 이런 일을 저지른 것일까? 이 광범위한 조작을 통해 수혜를 본 학생은

광주 A여고는 명문대 진학 실적을 높이기 위해 학생부 조작도 서슴지 않았다. 자신들의 행위가 일부 학생을 버려진 카드로 만들고 있다는 양심의 가책도 없었던 것일까?

누구였을까? 사건을 조사했던 관계자가 밝힌 바에 따르면 기존 내신 1등급을 유지해 왔던 학생이었다.

■ 광주지방경찰청 지능범죄수사대 담당 형사

"조작으로 이익을 본 학생은 학교에서 1등급으로 쭉 관리해 왔던 학생이에요. 이 학생이 수학 점수가 2등급으로 떨어지니까 학교에서도 큰일이 난 거죠. 그래서 딱 1등급 안에 들어갈 수 있는 점수로 조작을 한 겁니다. 점수를 조금 더 줘서 1등급을 만든 거죠."

모두가 1등급일 수는 없는 상황에서 누군가 1등급을 받으면 누군가는 2등급으로 떨어질 수밖에 없다. 학교가 나서 관리 대상이라는 울타리 안에 포함된 학생을 지키느라 억울한 피해자를 만든 꼴이다.

소위 명문대 진학 실적을 높이기 위한 학교 측의 집요한 관리는 상상을 초월했다. 가장 충격을 받은 이들은 이 소식을 들은 A여고 학생들이었다. 믿고 따르던 선생님에 대한 배신감과 불안감을 어찌 다 말로 할 수 있겠는가. 심지어 전학을 가고 싶다는 친구들도 있었다.

A여고 교장과 일부 교사들의 비리는 학생부 조작에만 그치지 않았다. 교육청 감사 결과, 학생들에게 골고루 써야 하는 일부 교육비까지 소위 명문대를 목표를 하는 심화반 학생들을 위해 편법으로 사용했다는 사실이 밝혀졌다.

입학할 때 1등급이었던 학생이 졸업할 때까지 1등급을 유지할 수도 있다. 그러나 이것이 누군가에 의해 인위적으로 만들어진 것이라면 그리고 그 누군가가 학생들이 믿고 따르던 교사였다면 이야기는 달라진다. 학생부를 조작하라고 지시를 내린 교장이나 그 지시를 그대로 로봇처럼 수행한 교사는 1등급이 필요 없는 학생은 1등급을 받지 않아도 된다고 생각했을지 모른다. 그러나 내신 등급은 특정한 누군가가 결정할 수도 없으며 더군다나 인위적으로 만들어져서는 더더욱 안 될 일이다.

교사들은 관리를 받는 학생들의 성적이 떨어지면 교장에게 불려가 질책을 받거나 '교사 반성회'를 갖는 형태로까지 이어졌다고 한다. 몇몇 교사들은 별도의 과외 교습비까지 챙겼다는 사실도 밝혀졌다. 소수의 특정 학생들을 위해 성적이나 학생부를 관리하면서까지 명문대에 진학시키고자 했던 그들만의 비뚤어진 열망이라고 봐야 할까? 한 고등학교에서 실제로 일어난 이 일을 우리는 어디까지 이해해야 할까? 학생부 조작 사건의 총지휘를 맡았던 전 A여고 교장의 이야기를 들어 보았다.

■ 전 A여고 교장

"선택과 집중입니다. 성적 최상위권자에게는 수능 성적보다는 사실상 학생부 작성이 훨씬 더 중요해요. 그래서 여기에 최선을 다하자고 한 겁니다. 저희는 자사고나 특목고랑 비교할 수가 없잖아요. 강남에 있는 애들은 학원에서 다해 주는데 우리 지역에선 그럴 수도 없어요. 그러니까 각각의 학생들에게 맞게 맞춤식 지도를 해 주고 학생부를 잘 써 줘야 한다고 생각한 겁니다."

교육 환경이 열악한 지방 학교이기 때문에 수도권 학생들과 경쟁하기 위해서는 어쩔 수 없다는 말이었다. 그러나 어떤 변명을 늘어놓든 그는 우수한 학생들을 특별 관리한다는 명목하에 자기 치적을 쌓았을 뿐이다. 거기에 동조하고 충성한 교사 또한 학생부의 기록을 조작하는 일을 서슴지 않았다. 자신들의 행위가 엄연히 범죄라는 두려움, 혹은 누군가의 인생을 버려진 카드로 만들고 있다는 일말의 양심의 가책조차 없었던 것일까. 그러고도 이들은 아무 것도 모른 채 자신을 바라보던 아이들의 초롱초롱한 눈망울을 똑바로 바라볼 수 있었을까.

'버려진 카드'는 누구인가

학생부를 둘러싼 크고 작은 사건이 잇따르면서 토론회도 많이 열렸다. 그러나 정작 교육의 한 주체인 학생들을 만나기는 쉽지 않았다. 사태의 진짜 주인공인 학생들은 학생부에 대해 어떻게 생각하고 있을지 궁금했다. 제작팀은 제보를 받아 전국을 다니며 학생들을 인터뷰하고 그들의 목소리를 직접 들었다. 지은이와 준영이도 그들 중 일부였다.

■ **배지은(가명)** | 대학생
"학생부 전형으로 넣었다가 떨어져도 평가 과정이나 결과를 알 수 없어요. 떨어진 이유가 궁금해서 대학 측에 물으면, 우리 대학만의 기준이 있어서 알려줄 수 없다는 말만 해요. 그러면 학

대학 입시의 뜨거운 감자. 학생부를 둘러싼 입시 설명회와 토론회가 곳곳에서 잇따르고 있다.

생들 입장에선 내가 왜 떨어졌지? 의심이 들 수밖에 없죠.”

■ **이준영(가명)** | 재수생

“일단 누가 봐도 합격을 인정할 것 같은 최상위권 친구들이 대다수 붙잖아요. 그러고는 평범하거나 혹은 그 이하 학생들을 소수 붙여서 희망을 주고 있는 것 같아요. 그렇게 해야 더 많은 학생들이 지원을 하고 원서비도 벌 수 있지 않겠어요?”

학생들은 학생부에 대한 자신의 생각을 이야기했지만 이들의 말 속에는 한 가지 공통점이 있었다. 결국 학생부 전형의 합격과 불합격을 가르는 기준은 ‘내신 등급’에 달려 있다는 생각이었다.

진영이는 이와 관련해 자신의 경험담을 말해 주었다.

■ **유진영(가명)** | 대학생

"A대학교 입학사정관이 저희 학교에 입시 컨설팅을 와서는 '1등급 밑이신 학생들은 안 쓰는 게 좋아요'라고 하더라고요. 그러니까 답은 뻔한 거죠. 우리 중 누가 내신도 좋고 비교과도 좋은가 보는 거잖아요. 도대체 우리 보고 내신과 비교과 모두 어떻게 챙기라는 건지 모르겠어요. 학교에서도 암암리에 1등급 안 되면 학생부 전형은 쓰지 말라고 해요. 2등급 초반까지만 쓰라고 하죠."

합격과 불합격을 결정하는 학생부 평가의 기준이 모호하다보니 결국 내신 성적이 더 중요하다는 뜻이었다. 서울권에 있는 상위 대학에 들어가려면 최소 2등급 중반 안에는 들어야 한다고 했다. 내신 등급 기준이 암묵적으로 정해져 있는 듯 보였다.

인터뷰를 하면서 학생들은 더 솔직한 이야기를 털어놓았다. 학교에서 경시 대회나 각종 대회에 관한 정보들을 공부 잘하는 학생들에게 먼저 준다는 것이었다. 학교에서 만난 학생들은 이구동성으로 비슷한 말을 했다. "심화반도 A, B, C, D로 등급이 나눠져 있어요. A와 B에 속한 애들은 학교에서 또 다른 지원을 받아요.

내신 최상위권이 아니면 스스로를 버려진 카드라고 말하는 학생들의 현실이 안타깝다.

그 다음에 C로 오죠. 아니면 아예 나머지는 떨어질 거라고 생각해서 A만 지원해 주는 경우도 있고요. A는 소위 말해 '진짜 잘하는 애들' 전교 20등 안에 드는 학생들만 모아 놓은 거예요"라는 내용이었다.

■ **고은진(가명)** | 고등학생

"30등 클럽이라는 게 있대요. 상위 30등 애들끼리 모아서 걔네들한테 상을 다 몰아주고, 대학 입시에 대한 온갖 특혜를 주는 식이래요. 친구들 중에서 성적 좀 잘 나온 친구들은 우리 학교에도 그런 거 있었으면 좋겠다고 하더라고요."

은진이의 이야기는 잘못된 제도 아래서 이루어지는 정보의 불평등이 학생들에게 어떤 영향을 주는지를 생각하게 만들었다.

각종 대회의 정보를 일반 학생들에게는 알리지 않고, 심화반에만 전달하는 경우도 있었다. 학교 게시판에 붙은 공고는 그냥 형식적인 것에 불과했다. 일반 학생들은 참여하고 싶은 대회가 있어도 정보가 전달되지 않으니 모르고 지나가거나 이미 대회가 시작된 뒤 알게 돼서 참여 자체가 불가능했다.

"다른 학교도 심화반은 다 운영하고 있어요. 대학교 진학률 때문이죠. 학교의 명예? 명문대 많이 보내야 여기도 학생들이 많이 올 거잖아요. 인재들이 오게 하려고 일부러 그러는 것 같은데 제가 보기엔 그냥, 우리나라 교육 제도 자체가 잘못된 것 같아요. 심화반에 들어가지 못하는 애들은 다 버려지는 거잖아요"라고 말하는 한 학생의 말이 제작팀의 폐부를 찔렀다.

담담하게 말하는 것과는 달리 목소리에는 학교에 대한 불신과 체념이 깔려 있었다. 선택받지 못한 자로서의 자괴감도 묻어났다. 한창 파릇파릇하게 피어날 시기에 아이들은 학교라는 사회의 축소판에서 불신을 먼저 배우고 있는 것은 아닐까?

2.

학생부의
빛과 그림자

기회는 공정하지 않다

서울의 한 고등학교. 어느 날 학부모들에게 공지문이 전달됐다. 공지문은 학생들이 참여할 수 있는 수업 안내와 진로 진학과 관련된 특강이 열린다는 내용이었다. 특별히 공지문 자체가 문제될 것은 없었다. 그러나 공지문이 전교 60등까지 해당하는 특정 대상, 심화반 학부모들에게만 전해졌다는 점은 짚고 넘어가야 할 문제였다.

학교에서 나오는 정보는 모든 아이들에게 골고루 전해지지 않

◆ 2학년 〇〇반〉 공지 ◆

1. 2017년 1학기 방과후학교 강좌 신청   ▶ 각 강좌별 15명 제한

  - 인문계 〇〇반 강좌: 주 3회 (통계프로그램 R수업 + 진로 탐구)
  - 자연계 〇〇반 강좌: 월 2회 (자연 공학 + 진로 탐구)

2. 3월 6일부터 「〇〇반 자습실」 운영 시작 (별관 3층)

3. 2.3학년 〇〇반 학생, 학부모 대상
  - 서울대학교 전 입학사정관 초청 진로진학 특강 (3월 10일 19시, 다목적실)

공지문은 모든 학생과 학부모에게 전달되는 것이 아니라 특정 대상. 심화반 학부모들에게만 전해졌다.

고 있었다. 성적이 우수한 학생들, 회장, 부회장, 학생회 소속, 또는 수시 때 학생부 종합으로 넣으면 결과가 괜찮겠다 싶은 학생들에게만 전달되었다. 글짓기 대회를 예로 들더라도 상위권 학생들을 먼저 불러 우선권을 주는 식이었다. 한솔이의 말은 학생들도 이런 현실을 이미 알고 있다는 것을 의미했다.

■ **오한솔(가명)** | 고등학생

"잘하는 애들만 따로 반을 만들어요. 서울대를 목표로 하는 애들이 계속 1등급이 나오도록 학교에서 관리를 해 주는 거죠. 그러다 중위권 애들이 한 과목만 파서 치고 올라갈 때가 있잖아

요. 그럼 선생님이 넌 왜 시험을 잘 보고 그러냐고 하세요."

이게 무슨 소리일까? 중위권 학생들이 열심히 공부해서 등급을 올려도 공부를 왜 잘 했냐고 혼난다니, 듣는 제작팀도 이해가 되지 않았다. 결론은 상위권 학생들이 행여 1등급을 놓치게 될까봐 교사들이 중위권 학생들이 치고 올라오는 일을 되레 경계한다는 말이었다. 인터뷰를 했던 학생들 중에는 공부를 잘해 학교에서 몰아주기의 혜택을 직접 받았다는 영민이도 있었다.

■ 이영민(가명) | 고등학생

"한번은 내신 성적이 좋은 애들을 선생님이 불러 모으셨어요. 비밀스럽게. 7명 정도였던 것 같아요. 딱 이과 1등부터 7등까지요. 그리고 이런 말씀을 하시는 거예요. 그동안 내가 너희들을 좀 봤는데 스펙이 모자란 것 같더라. 학교 차원에서 스펙을 지원해 줄 거야. 근처 연구 기관과 협력도 하게 될 거고."

영민이의 말에 따르면 실제로 그 7명은 연구 기관에 가서 연구를 했다고 한다. 더 돋보이는 학생부 기록을 만들 수 있는 기회였음에도 불구하고 영민이는 마음이 편하지 않았다. 모두에게 주어진 공정한 기회가 아니기 때문이었다. 고3이라는 입장을 고려할

명문대의 진학률이 학교의 평판으로 이어지는 현실 아래, 일선 학교는 교육적이지 않은 일을 서슴없이 하고 있고 학생들은 길을 잃고 있다.

때, 스펙을 챙겨준다는 좋은 제안이었지만 친구들에게는 미안한 생각이 들었다. 자신보다 내신은 좋지 않지만 그런 활동에 열의를 가진 친구들이 생각났고 학생부종합전형의 원래 취지대로라면 그 친구들이 활동에 참여하는 것이 맞는다는 생각이었다. 결국 영민이는 이야기 도중 고개를 떨구고 말았다.

100명에게 가야 할 시간이 오직 1명에게

학생부종합전형은 1학년 때부터 준비해 온 활동을 바탕

으로 평가하는 것이므로 시간을 두고 차근차근 준비할 수 있다는 장점도 있다. 현장에서 아이들과 만나는 현직 교사들 중에는 이런 학생부종합전형의 취지에 공감하는 이들도 많았다. 하지만 이들도 실제 학생부종합전형이 운영되는 모습에는 실망감이 크다며 안타까워했다.

광주의 한 고등학교 서부원 교사는 많은 학생들에게 골고루 돌아가야 할 관심이 특정한 몇 명에게 집중되고 있다는 우려를 표했다.

■ **서부원** | 고등학교 교사

"일반계 고등학교에서는 한 명이라도 명문대에 더 보내기 위해 한 학생에게만 올인 하게 되는 경우가 많죠. 학생부는 그들을 위한 것이 되고 말았습니다. 동료 교사가 이런 말을 하더라고요. '100명의 아이들에게 골고루 나눠 써야 할 시간을 1명에게 다 쓰고 있다'고요. 학교가 앞장서서 한 학생에게 다 몰아주겠다는 거죠."

가장 교육적이어야 할 학교가 가장 비교육적인 행위를 하고 있는 셈이었다. 명문대 진학률이 학교의 평판으로 이어지는 현실에서 이 고리를 끊을 수 있는 방법은 없을까?

그동안 제작팀이 수많은 인터뷰와 조사를 통해 살펴본 바에 따르면 학생과 교사 중 학생부가 공정하다고 생각하는 사람은 소수에 불과했다. 학생부의 혜택을 받은 학생들도 마찬가지였다. 기록을 보면 흐뭇할지도 모르지만 동시에 친구들에게 미안하고 쑥스러울 터였다. 그렇지만 학교는 학생부 몰아주기를 통해서라도 서울의 명문대에 한 명이라도 더 입학시키는 현실을 택하고 있었다.

100명의 학생들에게 가야 할 교사의 시간과 관심이 오직 1명에게만 향하는 것. 취재를 통해 확인을 했어도 현실이라고 생각하기엔 쓸쓸한 일이었다. 그렇다면 교사의 관심을 받지 못한 학생들은 어떤 선택을 하고 있을까?

내신에 따라 달라지는 학생부의 질과 양

학생부의 민낯이 확연히 드러난 곳은 학교 밖에 있었다. 어느새 학생부는 사교육 현장에 깊숙이 파고들어가 자리를 잡고 있었다. 제작팀은 한 사설 학원에서 열린 대학 입시 설명회를 찾아갔다. 대치동의 유명한 B 학원에서 입시설명회가 열리던 날, 이미 그곳에는 한 시간 전부터 발 디딜 틈 없이 자리가 꽉 차 있었다. 설명회에 등장한 강사는 강의 초반부터 학생부종합전형에서 가장 중요하다는 '이것'에 대해 말했다.

■ 학원 강사

"지금부터 학생부종합전형에 대한 말씀을 드릴게요. 10가지를 기억하셔야 합니다. 1번이 뭐냐면 내신입니다. 써 놓으세요. 기억하기 쉽게요. 앞으로 9가지를 더 말씀드릴 테니까요. 2번은요, 진짜 중요한 거예요. 내신이에요. 3번 말씀드릴게요. 1번 2번보다 더 중요한 거예요. 학생부종합전형의 핵심이라고 할 수 있죠. 바로 내신이에요. 4번 내신, 5번 내신, 6번 내신, 7번 내신, 8번 내신! 그리고 9번이 학생부 관리예요. 10번은 자기소개서죠."

강사의 말은 결국 대학 입시를 가르는 기준은 학생부가 아니라 '내신'이라는 소리였다. 그렇다면 성적에 따라 학생부의 양과 질에도 차이가 있는 것일까?

제작팀은 '대학내일 20대연구소'에 의뢰해 학생부종합전형 지원 경험이 있는 대학생들의 학생부를 분석해 보았다. 서울과 수도권 4년제 대학의 재학생으로부터 수집된 학생부는 총 189부였다. 그 중 관련 설문에 충실히 응답한 136부만을 분석에 이용했다.

먼저 응답자들이 다녔던 고등학교의 유형과 소재 지역 분포를 분석했다. 고등학교의 유형은 국 · 공립고 83개교, 사립교 73개교였고 이 중 일반고 105개교, 특성화고 4개교, 특목고 12개교, 자율고 15개교였다. 소재 지역 분포에서는 서울 31개교, 경기 인천 63개교, 강원 4개교, 충청 5개교, 전라 11개교, 경상 22개교였다. 이들의 학생부종합전형 평균 지원 횟수는 3.7회였고, 평균 합격률은 62.5%였다. 대학내일 20대연구소의 박진수 소장은 연구 결과를 초반에 예상했다고 한다.

■ **박진수** | 대학내일 20대연구소 소장

"130여개가 넘는 사례들을 분석하던 중 사실 30~40개 정도를 진행했을 때 이미 지역별, 학교 유형별, 내신 등급별 격차들이 눈에 띌 정도로 확연히 드러나기 시작했어요. 완성 단계에 이르렀을 땐 더 명확해졌죠."

수집된 136부의 학생부 중에서 두 개의 학생부가 유난히 제작팀의 눈길을 끌었다. 같은 학교, 같은 반, 같은 진로를 가진 두 학생의 학생부였다. 한 학생은 내신이 1등급이었고, 다른 학생은 2등급이었다. 그런데 두 학생의 학생부는 놀랍게도 교사가 기술한 내용이 복사한 듯 똑같았다. 이 중 다른 점이 한 가지 있었다. 1등급 학생에게는 긍정적인 내용이 추가로 기재되어 있었던 것이다.

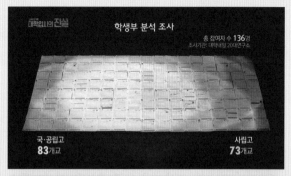

학생부 분석 조사

총 참여자 수 **136**명
조사기관: 대학내일 20대연구소

국·공립고
83개교

사립고
73개교

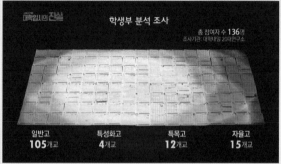

학생부 분석 조사

총 참여자 수 **136**명
조사기관: 대학내일 20대연구소

일반고
105개교

특성화고
4개교

특목고
12개교

자율고
15개교

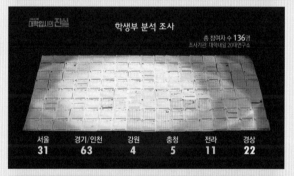

학생부 분석 조사

총 참여자 수 **136**명
조사기관: 대학내일 20대연구소

서울	경기/인천	강원	충청	전라	경상
31	**63**	**4**	**5**	**11**	**22**

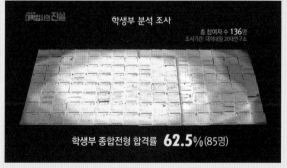

학생부 분석 조사

총 참여자 수 **136**명
조사기관: 대학내일 20대연구소

학생부 종합전형 합격률 **62.5**%(85명)

대학내일 20대연구소에서 진행한 학생부 분석에 따르면 지역별, 학교 유형별, 내신 등급별 격차들이 눈에 띌 정도로 확연히 드러났다.

창의적 체험활동뿐만 아니라, 교과별 세부 능력 및 특기 사항도 마찬가지였다. 이런 상황을 어떻게 해석해야 할지 난감했다. 이에 대해 이재흔 연구원은 이렇게 말했다.

■ **이재흔** | 대학내일 20대연구소 연구원

"확실히 성적이 좋은 학생들은 선생님들이 더 많이 챙겨 주시는 건지 학생부 페이지 수가 더 많았어요. 일단 그 친구들 자체가 활동량이 많기도 했지만 같은 동아리 내에서 같은 활동을 했을지라도 다른 학생들보다 그 활동에 대해 한 문장을 더 덧붙여 준다거나 하는 식이었죠. 성적이 좋은 학생들에게 유리하도록 내용을 더 꼼꼼히 잘 써 주는 경향도 발견되었고요."

이게 정말 사실일까? 조사에 응한 학생들의 내신 등급을 살펴보니 7등급에서 1등급 사이였고, 학생부의 분량은 최소 10장에서부터 46장까지 다양했다. 내신 등급별 학생부의 평균 분량을 비교해 보니 등급이 올라갈수록 학생부 분량 또한 많아지는 것이 제작팀의 눈에도 확인되었다.

성적에만 연연하지 않고 학업 능력과 잠재력을 평가하겠다는 취지에서 만들어진 학생부종합전형. 하지만 취재 중에는 그 취지에 맞는 제대로 된 사례를 찾기 힘들었다.

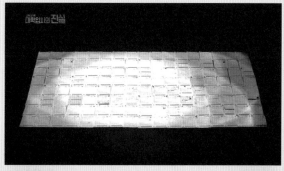

94번 학생부	128번 학생부
1등급	2등급
남성	남성
지방 소재 일반 사립고등학교	지방 소재 일반 사립고등학교
문과	문과
법조인	법조인

94번 학생부	128번 학생부
1등급	2등급
30페이지	28페이지
수상 14회	수상 9회
교과우수상 교내 글짓기 공모전 논술 경시대회 사회 경시대회 영어 경시대회	교과우수상 독서 퀴즈대회
독서 43권	독서 43권

■ 세부능력 및 특기사항 비교

1등급	2등급
사회 : 사회의 주요 문제나 현상에 대해 깊은 관심을 바탕으로 꾸준히 독서를 하여 폭넓은 지식을 보유함. 사회의 주요 쟁점에 대해 비판적으로 사고하려고 노력하며, 특히 자신만의 견해로 정치의 발전 과정과 통치제도의 개혁 등을 논리적으로 분석하였으므로 사회 변화를 이해하는데 탁월함을 보임.	사회 : 사회의 주요 문제나 현상에 대해 깊은 관심을 바탕으로 꾸준히 독서를 하여 폭넓은 지식을 보유함. 사회의 주요 쟁점에 대해 비판적으로 사고하려고 노력하며 특히 정치의 발전 과정과 통치제도의 개혁 등에 관해 큰 관심을 보임.
국어 : 어휘력이 좋고, 다양한 분야에 대한 지식을 특별나게 갖추고 있어 수준 높은 문장을 구사함. 교내 글쓰기 대회에 참가하여 본인의 진로에 대한 견해를 논리적으로 표현함. 수업을 성실히 참여하며 모르는 것이 생기면 적극적으로 질문하는 학생임.	국어 : 어휘력이 좋고, 다양한 분야에 대한 지식을 특별나게 갖추고 있어 수준 높은 문장을 구사함. 수업에 성실히 참여하며 모르는 것이 생기면 적극적으로 질문하는 학생임.
영어 : 영어 문법과 문장 구조를 제대로 이해하기 위해 항상 노력하는 학생임. 모르는 것을 그냥 넘어가지 않고 적극적으로 질문하는 등 학습에 대한 열의가 돋보임. 영어 작문 수행평가에서도 뛰어난 어휘 구사력으로 반영을 받음.	영어 : 영어 문법과 문장 구조를 제대로 이해하기 위해 항상 노력하는 학생임. 모르는 것을 그냥 넘어가지 않고 적극적으로 질문하는 등 학습에 대한 열의가 돋보임.

학생부 교과와 세부 활동란에는 1등급 학생에게 긍정적인 내용이 더 기록되어 있다.

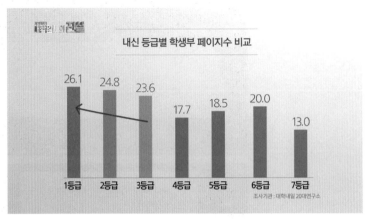

내신 등급이 높아질수록 학생부 페이지 수가 늘어나는 것을 확인할 수 있다.

공정하지 않은 학생부종합전형

    취재를 진행할수록 가장 공정해야 할 학생부가 가장 공정하지 않아 보였다. 제작팀은 학생들은 물론 학부모, 교사 등 입시와 관련된 사람들의 의견을 더욱 다양하게 들어볼 필요가 있다고 판단했다.

전국시도교육감협의회의 도움을 받아 전국 179개의 고등학교를 대상으로 학생, 교사, 학부모, 총 38,090명의 의견을 수렴했다. 조사에 동원된 인원은 지금까지 실시한 교육 관련 조사 중 최대 규모였으며 참여한 일반고와 자사고·특목고는 지역별 비례 할

당 추출을 통해 선정했다. 이 중 일반고는 151개교, 특목고, 자사고는 28개교였다. 이 조사에는 학생 15,765명, 교사 3,096명, 학부모 19,229명이 참여했다.

이들에게 대입 전형별 공정성에 대한 생각을 물었다. 학생과 학부모는 특기자적성전형이 가장 공정하지 않다고 보았고, 교사는 학생부종합전형을 가장 공정하지 않은 전형이라고 꼽았다. 학생부종합전형이 차지하는 위치는 '공정하지 않다'에 더 가까웠고, 학부모, 학생, 교사 모두 정시 전형을 가장 공정한 전형이라고 답했다.

학생부종합전형이 시작된 지 올해로 4년째. 그 취지와 운영을 둘러싼 논쟁은 여전히 뜨겁다. 학생들을 대학에 보내기 위한 학교의 노력 또한 여전히 치열하다. 하지만 모든 학교가 기회와 정보를 골고루 나눠 주는 공정한 학교는 아니었다. 그렇다면 우리는 어디에서 희망을 찾아야 할까? 제작팀은 다시 학교 현장으로 돌아가 보기로 했다.

인창고등학교의 특별한 사례

서울 강북에 있는 인창고등학교는 지역에서도 대학 진학

서울 강북에 있는 인창 고등학교. 교내 게시판에는 1년치 대회 목록이 빼곡히 적혀 있어 누구나 참여
할 수 있다.

률이 높아 인기가 많은 학교다. 그 비결을 찾기 위해 제작팀은 학
생부종합전형이 시작되지도 않았던 9년 전으로 거슬러 올라갔다.
당시 인창고는 학생들의 자발성과 성취감을 높이기 위해 학생들
이 참여할 수 있는 각종 대회를 만들었다. 교내 게시판에 모든 대
회의 1년 치 계획을 미리 공지했다. 결과적으로 이 일은 학교 발
전의 원동력이 되었다.

　인창고가 이렇게 할 수 있었던 데는 확고한 교육 원칙이 있었
기 때문이다. 임병욱 인창 고등학교 교장은 인터뷰에서 "특별반
을 따로 편성해서 최상위 학생들로 한 반을 만들면 문과 한 반 이
과 한 반이 나오죠. 하지만 모든 수업 자체를 그렇게 운영하면 안
돼요. 더욱이 그 반에만 입시 정보를 주거나 경시 대회를 알려 주
는 것은 교육적으로 할 일이 아니죠"라고 못 박았다.

　부모님이 챙겨 주고, 돈을 써야 하는 '금수저 전형'은 인창고에

인창고의 특별 활동들은 부모님이 챙겨 주고 돈을 써야 하는 것이 아니라 학생들의 자발적 참여로 이루어진다.

없었다. 학생들의 자발적 참여로 이뤄지는 각종 대회들 덕분에 학교까지 달라졌다. 어떻게 이런 일이 가능했을까? 임병욱 교장은 그 과정에 대한 이야기를 들려주었다.

■ **임병욱** | 인창 고등학교 교장

"상이라는 게 참 재미있어요. 내가 뭘 했을 때 그 성취감을 최고로 맛볼 수 있는 게 상이잖아요. 우린 상장만 줘요. 상품도 뭐도 아무 것도 없어요. 그런데도 그 상을 받으려고 아이들이 동아리를 만들어서 몇 달 동안 준비도 하고 대회에 응모해요. 자발적으로 경시 대회 나와서 죽어라고 문제도 풀고요. 상식적으로 내신 4등급이 수학 경시 대회에서 장려상을 받기는 어렵거든요. 그런데 받는 거예요. 1~2등급 애들이 싹 쓸어갈 것 같지만 그렇지 않아요. 4등급, 5등급 학생들 몇 명이 치고 올라와요.

인창고의 다양한 특별 활동들로 인해 학생들은 적성과 수준에 맞게 활동한다.

저는 상이 주는 매력이 이런 데 있다고 생각해요."

인창고에는 무려 100개의 동아리가 자유롭게 활동하고 있었다. 저수지 수로 뚫기, 노숙자 봉사 활동 등 학생들이 새롭게 무엇을 할 수 있을지를 고민하는 것이 학교의 일이었다. 상위권 학생들을 위한 프로그램뿐만 아니라 중위권, 하위권 학생들이 할 수 있는 프로그램도 만들었다. 이를 통해 학생들은 자기 수준에 맞춰 프로그램을 선택할 수 있었다.

물론 모든 프로그램을 준비해야 하는 교사들에게는 부담스러운 일일 터이다. 특히 담임 교사의 경우 학생들을 직접 앞에서 진두지휘해야 하기 때문에 학생들에 비해 할 일이 몇 배나 많았다. 각종 대회 준비부터 지도와 기록까지 맡는 것은 결코 녹록치 않은 일일 것이다. 학생들이 동아리 활동으로 모이기라도 하면 교사들은 주말이건 방학 때건 학교에 나와야 했다. 다른 학교의 교사들처럼 아이들을 지도하고 정규 수업만 한다면 교사 생활이 좀 더 수월하지 않을까?

그런데도 인창고 교사들은 인터뷰 내내 싱글벙글 웃는 얼굴이었다. 무엇이 교사들을 웃게 하는 것일까? 교사라는 자긍심과 아이들의 성장하는 모습을 바라보는 즐거움 덕분이었다. 취재 내내 웃기가 어려웠던 제작팀도 인창고 학생들과 교사들을 만났을 때만큼은 활짝 웃을 수 있었다.

3.

관리 받는 학생부, 만들어지는 진로

누가 학생부를 '관리'하는가

성적뿐 아니라 다양한 교내 활동을 반영한다는 학생부의 취지를 살리기 위해서는 무엇보다 교사들의 노력과 시간 투자가 담보되어야 한다. 그러나 전국의 고등학교가 모두 인창고처럼 하지는 못할 터였다. 이런 상황에서도 학생들은 다양한 비교과 활동과 자신을 잘 드러내 주는 학생부 기록을 필요로 한다. 하지만 진영이처럼 교사의 노력과 혜택을 받지 못하거나 학교를 신뢰할 수 없다고 생각하는 경우도 있었다. 진영이는 고3이 되자마자 컨설

학교의 도움을 받지 못하거나 학교를 신뢰하지 못할 때 학생들은 입시 컨설팅 업체를 찾는다.

팅 업체를 찾아갔다고 한다.

- **유진영(가명)** | 고등학교 3학년생

"가면 일단 저의 진로를 정해 줘요. 그리고 생기부를 봐서 세 개 정도 옵션을 정해 줘요. 이런 과에 이런 진로도 괜찮고, 이런 진로도 괜찮다고 알려 주죠. 저희 반이 30명쯤 되거든요. 애들은 많고 선생님은 업무 때문에 바쁘시잖아요. 제대로 된 진학 상담을 받기가 어려웠어요."

진영이는 컨설팅 업체와 두 시간 동안 인터뷰했다. 인터뷰를 하는 동안 자신이 자라면서 무엇을 했는지, 앞으로 어떤 진로를

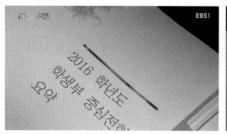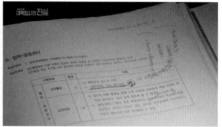

컨설팅 업체에서 내주는 세부적인 컨설팅 자료들. 이들 업체에서 정해준 대로 학생의 진로는 만들어진다.

선택해야 할지 모르겠다는 이야기도 꺼냈다.

컨설팅 업체는 진영이의 적성이나 나아가고자 하는 방향보다는 유리한 학생부 기록을 위해서 방향성을 잡아 주고, 어떤 활동을 해야 하는지 알려 주었다. 게다가 어떤 책을 읽어야 하는지, 학교에 있는 동아리 중에 어디를 가입하면 좋겠다는 등 비교적 세심한 부분까지 제시했다.

컨설팅 업체에서 설계하고 정해 준 활동들은 학교에서 진영이의 학생부에 기록되었다. 문제는 이런 부분을 학교도, 교사도 묵인한다는 점이었다. 고3이라는 다급함 때문에 학교에서도 학생들이 컨설팅 업체에서 받아 온 내용을 그대로 써 준다고 했다. 세부 특기 사항이나 영어 등 특정 과목이 중요할 경우 학생이 그 부분을 써 달라고 구체적으로 이야기하면 학생부에 그대로 적힌다는 말이었다.

스스로 컨설팅 업체를 찾아갔고, 고민할 필요 없이 그저 시키는 대로 따라가면 되는 길이었지만, 진영이는 마냥 마음이 편하지 않았다. "이런 일이 정말 자신을 위한 것인지, 단지 대학을 가기 위한 것은 아닌지 고민이 된다"라는 말이었다.

학벌 중심의 사회 속에서 옳지 않은 줄 알면서도 어쩔 수 없는 선택을 해야 하는 진영이의 모습이 비단 진영이만의 고충일까.

입시 컨설팅에 의해 만들어지는 진로

학교를 벗어난 학생부가 유발하는 또 하나의 문제는 높은 비용이었다. 대학 입시가 달려 있는 만큼 적은 비용은 아닐 터였다. 제작팀은 입시 컨설팅으로 유명한 A 컨설팅 업체를 찾아갔다. 이야기를 들어 보니 컨설팅 종류에 따라 비용도 달라지는 듯했다. 1학년 때부터 컨설팅을 받으면 1년에 1,000만 원 정도 들었고 더 비싸면 횟수에 따라 1,500만 원 이상 드는 것도 있었다. 심지어 2,000만 원 이상이 될 수도 있었다. 비용을 더 내는 만큼 컨설팅의 질이 달라진다고 했다.

이번에는 동아리 활동을 적극적으로 홍보하고 있는 B 컨설팅 업체를 찾아갔다. 컨설팅 업체의 설계에 따라 동아리 활동을 하고, 그것을 책으로 내면 학생부가 차별화된다며 홍보하는 곳이었다. 면담을 하고 난 후 받은 견적서에는 각 활동별 비용이 빼곡히 적혀 있었다. 교과, 비교과 활동을 합쳐 월 4회 관리해 주는 비용이 각각 80만 원. 동아리 활동을 책으로 만들 때 드는 저술 비용이 800만 원이었고 출판 비용은 별도로 책정되어 있었다. 각종 활동을 언론에 홍보하는 것과 그것에 대해 책을 내고 관련 전문가까지 참여시키려면 대략 3,400만 원이 필요했다.

입시 컨설팅 업체들은 하나같이 '차별화'와 '전문성'을 강조했다. 주로 스카이SKY 출신의 석사 이상 사람들에게 외주를 줘서 구체적인 진로 컨설팅을 받는다는 C 컨설팅 업체를 찾아가 보았다. 대화를 나눌수록 궁금증이 생겼다. 아무리 정교하게 짰다고 한들 컨설팅 업체에서 만들어 준 진로와 자료들이지 않은가. 서류심사를 하는 각 대학의 입학사정관들은 진짜와 가짜를 알아볼 수 있지 않을까? 경험이 많으니 보자마자 다른 데서 써준 것이라는 걸 깨닫지 않을까?

이에 대해 A 컨설팅 업체 강사는 "스토리라인을 잡아 주는 거라면 전혀 걱정 안 하셔도 돼요. 다른 학생 걸 복사해 주는 것도 아니고요. 사실은 대신 써 줘도 상관없어요"라고 딱 잘라 말했다. C 컨설팅 업체의 강사도 마찬가지였다. "그냥 학생부 기록이 좋

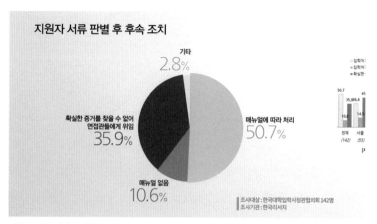

지원자 서류 판별 후 후속 조치

기타
2.8%

확실한 증거를 찾을 수 없어
면접관들에게 위임
35.9%

매뉴얼에 따라 처리
50.7%

매뉴얼 없음
10.6%

조사대상 : 한국대학입학사정관협의회 142명
조사기관 : 한국리서치

지원자 서류 판별 후 후속 조치에 대한 가이드는 존재하지 않는다는 답변이 상당수를 차지했다.

으면 일단 면접에 부르는 거죠. 그 다음은 면접에서 평가하는 거니까 합격할 확률이 훨씬 높아지는 거예요"라는 말이었다.

그렇다면 실제 입학사정관들은 어떻게 생각할까? 한국대학 입학사정관협의회를 통해 현직 입학사정관들에게 설문지를 보내 의견을 들어 보았다. 이에 대해 절반 가량의 입학사정관들은 "지원자가 제출한 서류가 사교육 컨설팅 업체나 다른 사람의 도움을 받아 작성한 것이라는 사실을 판별해 내더라도 매뉴얼이 없거나 별 다른 조치를 취하지 못한다"라고 대답했다. 지원자 서류 판별 후 후속 조치에 대한 설문지 조사 결과는 다음과 같았다.

확실한 증거를 찾을 수 없어 면접관들에게 위임 35.9%

매뉴얼에 따라 처리 50.7%

매뉴얼 없음 10.6%

기타 2.8%

학생이 써서 제출하는 학생부의 실체

학생부는 말 그대로 학생이 학교 생활을 통해 발전하는 과정을 담은 성장의 기록이다. 그 중요한 학생부를 쓰는 것은 교사의 권한이기도 하다. 생활기록부에 기록될 내용을 사교육 업체가 대신 만들어 주는 걸 지켜보는 교사의 입장에서는 불편한 느낌을 받지 않을까?

그러나 학생부를 쓰는 주체는 이미 교사가 아니었다. 특히 세부 특기 사항의 경우 학생들이 써 주는 대로 교사가 학생부에 기록하는 경우가 비일비재했다. 아예 "너희들이 어떤 활동을 했는지 세세한 것들은 모르니까 써서 오라"라고 하는 교사도 있었다. 학생들이 직접 내용을 작성해서 제출하면 그대로 학생부에 기록되었고, 만약 학생이 제출하지 않으면 이 학생의 생활기록부는 빈칸으로 남기도 했다.

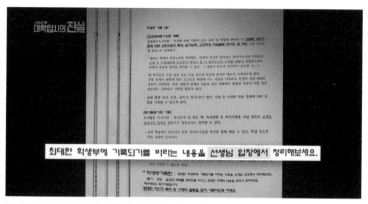

학교에서 나눠 준 유인물에는 '최대한 학생부에 기록되기를 바라는 내용을 선생님 입장에서 정리해 오라'는 지시 내용이 적혀 있다.

사실인지 확인하기 위해 제작팀은 한 학생이 담임 선생님이 나눠 준 유인물이라며 제보해 준 사진을 입수했다. 유인물에는 '선생님의 입장에서 학생부에 기록하고 싶은 내용을 정리해 오라'는 지시가 적혀 있었다. 이미 오래 전부터의 관행이었는지 컨설팅 업체의 한 강사도 비슷한 이야기를 했다.

■ A컨설팅 업체 강사

"제일 흔한 경우가 아이들한테 생활기록부 양식을 주는 거예요. 내용 전체를 학생들 보고 써 오라고 하고선 반영해 주는 거죠. 이런 학교가 제일 많고요. 그 다음은 양식을 주는 것까진 아니더라도 A4 용지에 학생들이 올리고 싶은 내용을 써 오면 확인하고 반영해 주는 식이에요. 사실 제일 안 좋은 학교는 선생님이 알아서 100% 작성해 주는 학교예요. 이런 경우는 학생부에 한두 줄 써져 있는 경우도 많거든요."

실상이 어느 정도인지 확인하기 위해 대학내일 20대연구소에 문의해 보았다. 연구소에서 수집 분석한 학생부 136부에는 학생부 기재의 현실이 적나라하게 담겨 있었다.

연구소 자료 중에 두 개의 학생부가 눈에 띄었다. 같은 학교지만 문과와 이과, 반이 서로 다른 두 명의 학생부였다. 하지만 이 두 학생의 교과별 세부능력 및 특기 사항은 놀랄 만큼 똑같았다. 눈을 의심할 만큼 모든 면에서 완벽하게 일치했다. 조사를 담당한 이재흔 연구원도 이런 결과에 놀란 눈치였다.

■ **이재흔** | 대학내일 20대연구소 연구원

"저희가 모집하는 과정에서 우연히 같은 학교 학생들의 학생부가 들어 왔거든요. 그런데 그것들을 보니까 동일한 내용이 엄청 많은 거예요. 진짜로 복사해서 붙여 넣은 게 아닌가 싶을 정도로요. 학생부가 너무 형식적으로 쓰이고 있진 않나 고민도 많이 하게 됐죠."

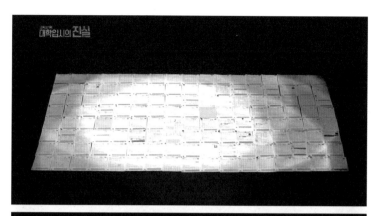

	학생A		학생B
계열	문과		이과
내신	1등급		2등급
세부능력 및 특기사항	영어 : 수업시간 내내 딴짓을 하는 일 없이 집중하며, 수업 내용을 착실히 정리하는 꼼꼼하고 성실한 학생임. 수업에서 모르는 것이 생기면 쉬는 시간에 교무실에 찾아와서 질문할 정도로 열의가 넘치는 학생으로 앞으로도 많은 발전이 기대됨. 영어에 대해 흥미를 가지고 있어 시키지 않아도 스스로 공부하고 복습하며, 본인 스스로 해석하기 어려운 문장의 경우 반 친구들과 함께 고민하고 공부하는 등 협동에도 능숙함. 과학 : 천체망원경의 구조와 원리를 제대로 이해하고 조작하는 능력이 뛰어나 실습에서 두각을 나타냄. 지구의 자전과 공전에 따른 태양과 달의 움직임 변화와 이로 인해 발생하는 자연현상에 대해 제대로 이해하고 있으며, 행성의 움직임에 따라 상호간의 다양하게 나타나는 천체들의 운동에 대한 관찰 능력이 뛰어남.		영어 : 수업시간 내내 딴짓을 하는 일 없이 집중하며, 수업 내용을 착실히 정리하는 꼼꼼하고 성실한 학생임. 수업에서 모르는 것이 생기면 쉬는 시간에 교무실에 찾아와서 질문할 정도로 열의가 넘치는 학생으로 앞으로도 많은 발전이 기대됨. 영어에 대해 흥미를 가지고 있어 시키지 않아도 스스로 공부하고 복습하며, 본인 스스로 해석하기 어려운 문장의 경우 반 친구들과 함께 고민하고 공부하는 등 협동에도 능숙함. 과학 : 천체망원경의 구조와 원리를 제대로 이해하고 조작하는 능력이 뛰어나 실습에서 두각을 나타냄. 지구의 자전과 공전에 따른 태양과 달의 움직임 변화와 이로 인해 발생하는 자연현상에 대해 제대로 이해하고 있으며, 행성의 움직임에 따라 상호간의 다양하게 나타나는 천체들의 운동에 대한 관찰 능력이 뛰어남.

문과와 이과, 서로 다른 두 학생의 교과별 세부 능력 및 특기 사항이 완벽하게 일치한다.

심지어 웃지 못할 학생부도 있었다. 교사가 적어야 하는 독서 활동 상황에 '내가', '내 옆에' 등 곳곳에서 '나'라는 1인칭 주어가 보이는 학생부였다. 학생이 써 온 내용을 그대로 옮겨 적은 것이라고 여길 수밖에 없었다.

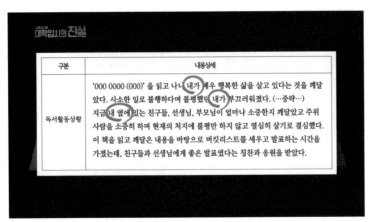

구분	내용상세
독서활동상황	'○○○ ○○○○ (○○○)' 을 읽고 나니 내가 매우 행복한 삶을 살고 있다는 것을 깨달았다. 사소한 일로 불행하다며 불평했던 내가 부끄러워졌다. (…중략…) 지금 내 옆에 있는 친구들, 선생님, 부모님이 얼마나 소중한지 깨달았고 주위 사람을 소중히 하며 현재의 처지에 불평만 하지 않고 열심히 살기로 결심했다. 이 책을 읽고 깨달은 내용을 바탕으로 버킷리스트를 세우고 발표하는 시간을 가졌는데, 친구들과 선생님에게 좋은 발표였다는 칭찬과 응원을 받았다.

학생부에는 학생이 써 온 내용이 그대로 옮겨져 곳곳에서 '나'라는 글자가 보인다.

취재를 할수록 학생부의 새로운 점이 속속 드러났다. 까도 까도 속이 계속 드러나는 양파처럼, 아직 우리가 모르고 있는 무언가 있다는 생각이 강하게 들었다. 학원의 컨설팅을 받거나 학생이 직접 써서 제출하는 것 이상의 무언가가 학생부 뒤편에 있을 듯했다. 그리고 이후에 알게 된 사실은 지금까지 밝혀진 그 어떤 사실보다 충격적이었다.

4. 학생부를 둘러싼 어두운 커넥션

컨설팅의 진화와 변신

학생부 작성에는 교사의 꾸준한 관찰과 노력이 요구되지만 그 빈틈에는 이미 오래 전부터 사교육 컨설팅 업체가 들어와 있다는 사실을 이미 앞에서 확인했다. 제작팀은 좀 더 새로운 정보를 얻기 위해 강남의 한 사교육 컨설팅 업체를 찾아갔다.

입시 설명회 날, 강당을 가득 메운 학부모들은 입시전략 팀장의 이야기를 하나라도 놓치지 않으려는 표정으로 앞만 바라보고 있었다.

"서울대 입학처 사이트에 '아로리'라는 서울대 웹진이 있어요. 그 안에 보면 서류 기록이나 문구가 있는데, 전원이라고 말씀드 릴 수는 없지만 거기에 실린 것 중 대부분이 저희 학원에서 상 담 받고 간 학생들의 학생부예요."

그는 자신의 학원에서 서울대학교를 많이 보냈다고 홍보했다. 그러면서 한 사람을 더 소개했다. 서울대학교 입학관리본부에서 입학관리 전문위원으로 근무하다가 현재 이 학원에서 '서울대 팀 장'을 맡고 있다는 사람이었다. 컨설팅 업체 측에서는 그의 '서울 대 입학사정관' 전력을 힘주어 강조했다. 소개받은 강사가 보여 준 것은 서울대학교에서 공개하는 입학 본부의 웹진 자료였다. 서 울대 팀장을 맡고 있다는 강사의 말을 들어 보았다.

■ D 컨설팅 업체 서울대 팀장

"A 학생은 1.24고, B 학생은 1.48인데 B가 더 좋은 평가를 받았 죠. 참고로 말씀드리면 두 명 모두 저한테 상담 받고 학생부를 작성했던 학생들입니다. 잘된 케이스죠. B 학생은 제 지시에 따 라 명승지에 대한 답사를 하고 나서 그걸 설명하는 자료를 지 자체에 제공했어요. 그 지자체에서는 그걸 일부 채택해서 안내

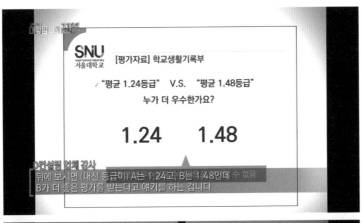

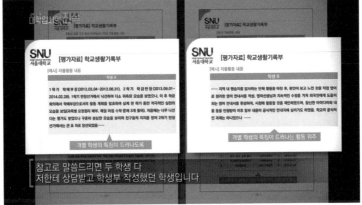

서울대 입학 본부의 웹진에는 컨설팅 업체에서 상담받은 학생들의 자료가 안내 자료로 소개되어 있다.

자료로 쓰고 있고요. 당시 학생에게 이 내용을 이런 식으로 쓰

라고 짜 주었어요.”

팀장이 말하는 학생의 사례가 사실인지를 직접 확인하기 위해 설명회가 끝난 후 그에게 전화를 걸었다. 서울대학교 아로리 사이트에 올라 가 있는 우수 사례가 본인이 코치를 한 것인지 사실 여부만 확인하고 싶다고 했더니 그는 당혹스러워하며 인터뷰를 거절했다. 이유를 물으니 "자신의 이야기가 어떻게 포장이 돼서 나갈지 모르므로 확인해 줄 수 없다"라는 것이었다.

서울대학교에서 학생부종합전형 우수 활동 사례로 꼽은 학생이 사교육 컨설팅의 결과라면, 그리고 공공연하게 일어나고 있는 일이라면 사회에 미칠 파장이 적지 않을 터였다. 그렇기에 제작팀도 더욱 신중하게 사실 여부를 확인해 나갔다. 2016년 당시 서울대학교 입학본부장으로 있었던 이에게 해당 영상을 보여 주고 이것이 가능한 일인지 확인했다. 영상을 보고 난 권오현 전 서울대학교 입학본부장은 의구심을 강하게 드러냈다.

■ **권오현** | 전 서울대학교 입학본부장·대학교수

"이 사람이 컨설팅을 해 줬는지 안 해줬는지를 어떻게 확인할 수 있는 거죠? 저희는 자율 활동에 기재되어 있는 내용들을 그저 단순한 사례로 제시한 건데 오히려 이걸 모범적인 형태로 생각하는 게 문제인 것 같아요. 비슷하게 따라 하면 뭔가 도움이 된다고 생각하나본데, 자율 활동에 어떤 내용이 기재되어 있

다고 한들 그것으로 당락이 좌우되진 않아요. 그런 요소들은 전혀 없어요. 학생부종합전형 중에서 비교과 부분이 지나치게 강조되고 있는데 실제로 학생부종합전형의 참 모습은 교실 수업이 전부라고 보면 됩니다."

학생부종합전형은 사교육을 줄이고 공교육을 단단하게 하기 위해 도입된 전형이다. 하지만 학생부종합전형의 선발 비중이 해마다 늘어가면서 사교육과 컨설팅의 행태도 변신과 진화를 거듭하고 있었다.

숨겨진 커넥션

대학 입시와 관련된 학생부 취재 도중 제작팀은 사교육 컨설팅 업체에서 일하고 있는 한 담당자를 만나게 되었다. 소위 '학생부종합전형 시대'를 맞은 이들 업체의 이야기는 놀라웠다. 학교를 떠난 학생부가 사교육 시장에서 어떻게 만들어지는지, 컨설팅 업체들의 뒷모습을 김진수 씨가 들려주었다.

■ **김진수(가명)** | 사교육 업체 관계자

"K 컨설팅 업체 같은 경우는 뒤를 봐주는 교수님들이 몇 분 계세요. 그 분들의 조언을 받아서 학생들이 이 학교에 들어가려면 어떤 스펙을 쌓아야 되는지 미리 아는 거죠. 주로 그 교수님들이 전공하는 쪽으로 스펙을 많이 빼는 거죠. 또 교수님들 중에 각종 대회를 주관하는 곳과 관련된 분들이 있어요. 그 대회 중에는 학교장 추천으로 갈 수 있는 것들이 몇 개 있는데, 교수님들이 대회 주최 측과도 커넥션이 굉장히 잘 되어 있어요. 말하자면 거기에 관련된 심사 위원들이 학부모들과 모종의 접선을 하는 구조죠."

특별한 경우를 제외하면 학생의 학교 밖 활동이나 대회 수상 실적은 기록할 수 없게 되어 있다. 하지만 거기에도 변칙과 꼼수가 작용하고 있었다. 학교장 추천이 용인되면 과목별 세부 특기 사항에 기재가 가능해지는데 컨설팅 업체에서는 이 점을 공략해 학생부에 기록하고 있었다.

그의 말에 따르면 은밀한 관계를 유지하고 있는 대상은 대학 교수뿐만이 아니었다. 일부 일선 교사들과도 끈끈한 관계를 유지하고 있다고 했다.

컨설팅 업체는 일부 일선 교사, 대학 교수와도 은밀한 관계를 유지하는 등 불법, 탈법적 운영이 과열되고 있다.

■ **김진수(가명)** | 사교육 업체 관계자

"예를 들어, A 고등학교가 교내 논문 대회를 열었는데 그 논문 대회 지도 교사가 B 교사라고 쳐요. 한 학생이 C 학원에 갔더니 '거기 지도하는 선생님이 B 선생님 아니니?' 하며 B 교사와 연락을 하는 거예요. 그러면 학생한테 B 교사가 연락을 하고 C 학원에서 학생과 B 교사가 만나죠. 어느 사이에 그 학생이 수상자가 되어 있는 거예요."

학교 내부의 정보들이 거래되고 있는 현실이라고밖에 볼 수 없었다. 그것은 고등학교 차원을 넘어 대학 내부로까지 확장되고 있었다.

컨설팅 업체는 현직 대학 교수들을 통해 직접 정보를 얻기도 한다고 했다. 컨설팅 업체에서 교수들의 자녀를 관리하고 있기에 가능한 일이었다. 만약 자신이 재직 중인 학교의 학과에 자녀가 지원할 경우 본인이 직접 연락을 취해 온다고 했다. 학교 채점 기준에 이런 부분이 있으니 그것을 반영해 자녀의 자기소개서를 작성해 달라고 부탁한다는 식이었다. 실제로 김진수 씨 역시 그런 교수들의 자녀들을 관리했다고 말했다.

그렇다면 교수들은 자신의 학교 정보만 제공해 주는 것일까? 김진수 씨의 이야기를 계속 들어 보았다.

■ **김진수(가명)** | 사교육 업체 관계자

"저희가 굳이 알아 오시라고 안 해도 먼저 알아봐 주세요. 학과장님 통해서 소스를 알아 왔다, 이번에 신입생 몇 명 모집인데 이런 식으로 뽑으니까 이렇게 하라, 일종의 가이드라인을 주시는 거죠. 보통 1년에 네 분 정도는 꼭 있어요. 이 분들은 아주 극상위권의 학교에, 극상위권 학과를 원해요. 그리고 다들 붙어요. 어쨌든 한 다리 건너면 다 알 테니까요. 지인들이 곳곳에 교수로 있으니까 인적 네트워크로 연결하는 건 어려운 게 아니잖아요. 대학 내부 정보를 가져오는 것뿐만 아니라 그 학교에 교수로 있는 친구한테도 이야기를 해요. 우리 아들 그 학교 쓴다고. 이런 경우가 아니더라도 지망하는 대학의 그 과 교수들이 어떤 성향을 갖고 있고, 이번엔 어떠한 패턴으로 가고, 이번 학과장은 누구라는 걸 알기에 확실한 정보가 나오는 거죠. 결국 입시는 정보가 비대칭인 상황에서 벌어지는 싸움인 셈이죠."

교수 자녀가 지원하는 대학에 본인이 교수로 있지 않더라도 인적 네트워크를 동원하면 합격이 가능하다는 이야기였다. 특정한 이들의 정보 네트워크는 생각보다 훨씬 광범위했다. 이 일을 단지 몇 개 대학에서 극소수가 벌이는 행태라고 봐야 할까? 설령 그렇다 하더라도 절대 가볍게 넘어갈 문제는 아니었다. 무엇보다 공정함과 투명함이 담보되어야 할 대학 입시에 돌이킬 수 없을 만큼 커다란 흠집이 났기 때문이다.

학교생활기록부가 아닌 '학교생활소설부'?

취재가 막바지에 도달할수록 제작팀에게는 두 가지 답답함이 생겼다. 한 가지는 대학 입시와 관련된 사회의 지도층 혹은 지식층이라는 사람들의 도덕성 문제였다. 또 다른 한 가지의 답답함은 이런 커넥션이 적발되는 일이 드물다는 점이었다. 사실로 밝혀지지도 않았고 기록이 남지도 않았기 때문이다.

그러나 흔적이 남지 않는다고 그 사실이 없었던 것이 되거나 진실이 사라지는 것은 아닐 터이다. 자신의 성실함으로 쌓아올린 노력이 아니라 누군가에 의해 포장된 실력은 언젠가는 드러나고 만다. 우리 사회는 언제부터인가 원하는 대학에 들어가기 위해서라면 가짜라는 사실을 알면서도 기꺼이 비용을 지불하는 곳이 되어 버렸다. 이러한 현실을 가장 예민하게 느끼는 이들 역시 학생들이었다. 대학에 갓 들어간 진철이는 돈으로 스펙을 만드는 현실을 날카롭게 지적했다.

■ **최진철(가명)** | 대학생

"교육청에서 오신 분들이 자기소개서를 이런 쪽으로 바꾸면 어떻겠느냐 그런 얘길 하면서 허위 경험을 쓰라고 했어요. '내가 다른 고등학교에 있는 학생한테 이렇게 쓰라고 했는데 명문대 붙어서 잘 다니고 있다. 의대에 붙는 게 중요하지, 그게 사실인지 거짓인지가 뭐가 중요하냐. 네가 일단 의대에 합격하는 게 더 중요하다'고 하더라고요."

학생들을 가까이에서 지켜보며 대학 입시라는 홍역을 같이 치르는 교사들 역시 학생들을 대학에 보내기 위해 학생부에 진실만을 쓸 수는 없다고 고백했다. 그러나 그게 과연 교육적인가 물어보면 선뜻 아니라고 대답하기도 어렵다고 했다. 이에 대해 한 교사는 "지금 교육이 어떻게 가고 있는지 심각하게 고민할 단계에 와 있어요. 학교생활부가 아니라 '학교생활소설부'가 된 지 오래 됐다는 건, 학생들도 저희도 이미 오래 전부터 하던 얘기예요"라고 말했다.

학교생활부가 어쩌다 학교생활소설부가 되었을까. 어떤 사연과 사건이 있었든 그 사이에서 깊은 상처를 받는 것은 학생들이다. 그래도 대학이 인생의 전부는 아니지 않느냐고, 꿈을 가져라고 격려해 주고 싶었던 제작팀은 태진이의 이 한 마디에 하고 싶었던 말을 속으로 삼키고 말았다.

■ **임태진(가명)** | 고등학교 3학년생

"아직 꿈도 정하지 않았는데 생활기록부에는 그냥 가짜로 적는 거잖아요. 거짓말쟁이가 되는 것 같아요."

수능을 마친 지난 해 말, 학생부 조작으로 시끄러웠던 광주 A 여고에서 한 여학생이 자신의 생각을 써서 학교와 교실에 뿌렸다.

각자의 꿈을 향한 3년 이상의 노력은
자신과 전혀 관련이 없던 타인의 생활기록부 조작과 성적 조작 때문에 한 순간에 물거품이 되었습니다.

꿈을 향한 3년 이상의 노력은
한순간에 물거품이 되었습니다.

선생님, 사회와 학교가 이런 곳입니까?

특정한 사람만 전폭적인 지지를 받는 곳입니까?

학교는 우리의 노력을 좌절시키는 곳입니까?

광주 A 여고의 한 여학생은 현재 입시 제도에 대한 안타깝고 답답한 마음을 적어 교실과 학교에 흩뿌렸다.

선생님, 사회와 학교가 이런 곳입니까?

불안감을 호소할 수도 없고 특정한 사람만 전폭적인 지지를 받는 곳입니까?

학교는 우리의 노력을 좌절시키는 곳입니까?

한 줄 한 줄, 아프게 다가오는 이 글은 대학이라는 목표를 향해서 달려가는 학생들에게 비도덕적인 행동을 해서라도 합격이 먼저라고 말하는 우리 사회의 부끄러운 단면을 보여준다. 부도덕한 몇몇 어른들의 행위라고 하기에는 너무나 광범위하게 퍼져 있는 입시를 둘러싼 어두운 커넥션과 각종 정보의 불균형이 아직 풋풋한 학생들의 가슴을 멍들게 하고 있다.

그러나 학생부에 담긴 이야기는 이제 시작일 뿐이다. 학생부의 이면은 그 두께에만 있지 않았다. '공부의 신神'이라고 불리는 이마저 고개를 흔들게 만드는 또 하나의 비밀이 숨어 있었기 때문이다.

우리나라 대학 입시 전형은 유달리 복잡하다.
전형마다 기본적인 원리는 존재하지만 정보를 주는
조력자가 없다면 이 현실을 뚫고 나가기는 어렵다.
교사들 또한 복잡한 입시 전형을 모두 이해하고,
학생들 한 사람 한 사람에게 맞는 진학 지도를 하는 일은 어렵다.
이런 이유로 아이들은 학부모의 정보력에 의해 만들어지기도 한다.
정보력이 있는 학부모, 정보력이 없는 학부모에 따라
아이들이 받는 영향은 다르다.
계층별로 정보 격차가 생기는 것이다.

2_장 복잡성의 함정

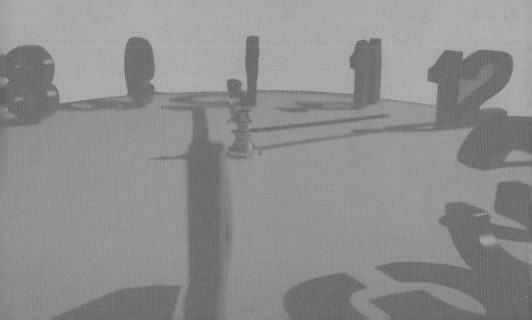

석 6번 강현주

(1994~2007) / 95년 5.31 교육개혁
육 강화되면서 수상경력
봉사활동란 신설 "

2004

선택평수늘

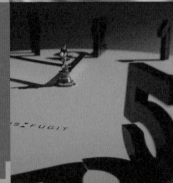

EBS 다큐프라임
대학입시의 진실

$$\sum_{i=1}^{n} S_i \frac{1}{1+e^{-(\alpha_0^0+\alpha_1 x_1+\cdots+\alpha_9^0 x_9)}}$$

α의 개수=불확실성 혹은 복잡성의 정도 x=전형요소

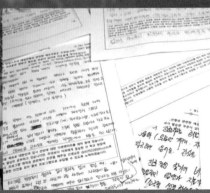

1.

공부의 신도
어렵다는
학생부 전형

'공부의 신'은 지금 서울대에 갈 수 있을까?

수능 날의 풍경은 보는 것만으로도 마음이 짠하다. 짧게는 고등학교 3년, 길게는 초등학교에서 고등학교까지 총 12년을 달려 온 학생들이 마침표를 찍는 날이기 때문이다.

유난히 뜨거웠던 2017년 대학수학능력시험 날, 55만 2천 명의 응시생이 수험표를 들고 고사장으로 향했다. 그 중에 '공신닷컴'의 강성태 대표도 있었다. 이미 서울대를 졸업하고 어엿한 사회인이 되었지만 그는 매년 수능을 보고 있었다. 현재 나이를 감안하

시험장을 들어서는 수험생을 응원하는 수능 대박 기원 응원전이 한창이다.

면 15수생이다. 강성태 대표가 해마다 수능 시험을 치는 이유는
무엇일까?

■ **강성태** ǀ 공신닷컴 대표

"학생들 멘토링을 하는 사람이니까요. 멘토링을 하려면 학생들
이 어떤 마음을 갖고 있는지 파악하는 게 가장 중요해요. 저도
수험생 시절이 있었잖아요. 그때 되게 간절하고 떨렸어요. 지
금도 수능 시험장에 들어가면 다시 수험생이 된 것처럼 떨리고
겸손해져요."

강성태 대표가 해마다 도시락까지 싸들고 와서 학생들과 같은

못 갈 거예요
저는 서울대 못 갈 거예요

공신닷컴 강성태 대표는 현재 입시 제도라면 자신도 서울대에 가지 못했을 것이라고 말한다.

마음으로 시험장으로 들어가는 사이 대입 전형에도 많은 변화가 생겼다. 그가 대학 입학을 준비할 때만 해도 정시의 비중이 높았고 주변에 입시 정보를 줄 수 있는 사람이 없어도 열심히 공부하면 길이 보였다. 하지만 지금 대학 입시를 준비한다면 '공신'은 과연 서울대에 갈 수 있을까? 그는 이 질문에 회의적인 반응을 보였다.

■ **강성태** ┃ 공신닷컴 대표

"서울대에 아마 못 갈 거예요. 일단 정시 비중이 너무 많이 줄었어요. 저 같은 경우는 입시 정보를 얻을 수 있는 곳이 거의 없었어요. 저희 부모님도 대학을 나오지 않으셨고 주변에 대학 나온 사람이 한 명도 없었거든요. 당연히 물어볼 데가 없었죠. 요즘은 글로벌 전형이다 뭐다 해서 전형 유형 자체가 굉장히 다양하고 복잡해졌어요. 그런 걸 생각하면 지금은 저도 서울대에 못 들어갈 것 같아요."

이렇듯 공부의 신이라고 불리는 사람조차 지나치게 복잡하다고 생각하는 것이 우리나라 입시의 현주소다. 물론 전형마다 기본적인 원리들이 존재하고 그 내용에 따라 학생부종합전형을 준비할 수 있다. 그러나 기본적인 원리를 따라한다 해도 내용이 어렵고 복잡한 건 사실이다. 정보를 주는 조력자나 길을 함께 모색해주는 학부모 없이는 뚫고 나가기 어렵다. 대학 입시는 왜 이토록 복잡해진 것일까? 그리고 그 복잡함 뒤에는 어떤 이야기들이 숨어 있을까?

시대에 따라 달라진 학생부

과거와 달라진 것은 대학 입시 전형만이 아니다. 세월이 흐르면서 학생부도 함께 변모했다. 학생부는 1955년 미군정 시절에 처음 생겼다. 당시에는 '학적부', '생활기록부'라는 이름으로 불렸고 이후 1995년 5.31 교육 개혁안에 따라 '종합생활기록부'가

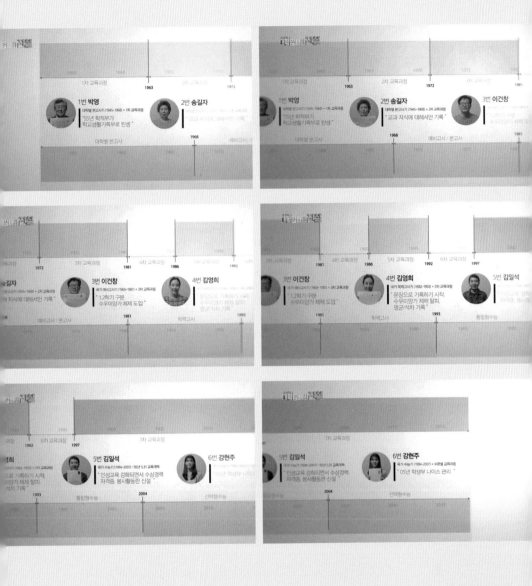

우리나라의 학생부와 대입 제도는 정권과 교육과정이 변하면서 변천을 거듭해 왔다.

도입되었다. 이때부터 출결, 성적, 수상 등 학생들의 총체적인 학교생활을 기록하게 되었다. 1996년에 다시 개선안이 발표되면서 명칭이 '학교생활기록부'로 바뀌었다. 학생부의 형태와 내용은 각 정권과 교육과정이 지향하는 교육이념에 따라 변해 왔다.

1945~1968년 본고사 시기는 학생들의 교과 지식에 대한 것만 기록될 만큼 학생부도 단순했다. 1969~1981년 예비고사 시기부터 1학기와 2학기가 구분되기 시작했고 '수우미양가' 체제가 도입되었다. 1982~1993년 학력고사 시기에는 내용이 문장으로 기록되었고 수우미양가 대신 평균과 석차가 등장했다. 이후 수능 세대부터 인성 교육이 강화되면서 수상 경력, 자격증, 봉사 활동란이 신설되었고, 학생부도 나이스를 통해 체계적으로 관리되었다.

1955년 학생부가 생겨난 이래, 내용과 기재 방식은 지금까지 모두 31번의 변천 과정을 거쳤다. 시대별로 사회 환경이 변화되고 교육적 요구가 달라지면서 계속 수정되고 보완되어 왔다.

점점 두꺼워지는 학생부

학생부는 기재 방법만 변화해 온 것이 아니다. 분량도 예전 세대와 지금은 차이가 있다. 본고사 세대인 72세 송길자 씨의

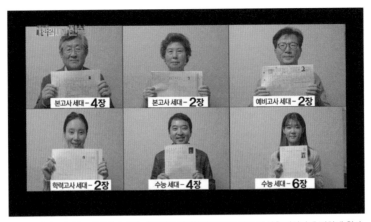

본고사 세대부터 수능 세대까지 대입 제도별로 학생부의 분량과 기재 방식은 다양하게 변화해 왔다.

학생부는 총 2장으로 1장은 생활기록부이고 성적표와 학교 도장만 찍힌 1장이 더 있을 뿐이다. 예비고사 세대인 58세 이건창 씨의 학생부도 2장이었다. 학력고사 세대도 비슷했다. 그 다음 세대가 수능 세대이다. 그 중에서 학생부를 대학 입시 평가에 포함시킨 세대의 학생부는 어떤 모습일까? 36세 김일석 씨의 학생부는 총 4장이었다. 학력고사 시기까지 가로로 쓰였던 학생부가 수능 세대부터 세로로 작성되었다. 선생님이 직접 쓴 손 글씨는 없었다. 27세 강현주 씨의 학생부는 총 6장이었고 학교에서 했던 활동들이 자세히 적혀 있었다. 이렇게 학생부는 1950년대부터 교육과정의 변화를 거치며 달라져 왔다.

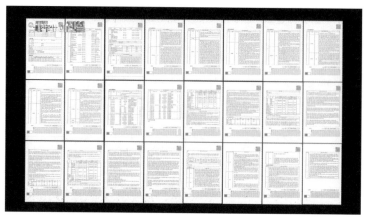
오늘날 입시 제도에서 한 학생의 학생부는 무려 20장이 넘는다.

학생부는 이제 학교에서 학업뿐만 아니라 진로와 탐색 활동을 담은 중요한 성장 기록이 되어가고 있다. 2016년 학생부종합전형으로 대학에 입학한 한 학생의 학생부는 무려 24장이었다. 오늘날 학생부는 대학 입시에서도 중요한 평가 자료로 활용되고 있다.

선배 세대들에게 지금의 학생부를 보여주면 어떤 차이를 느낄까? 그들은 진로 희망이나 자격증, 창의적 체험활동 등 다양하고 수많은 세부 항목에 놀랐다. 그리고 그것을 자세하게 평가해 놓은 기록에 또 한 번 놀랐다. 대체로 많은 사항들이 추가되었고, 주관적인 느낌이 강해졌다는 반응이었다.

초기엔 2장에 불과했던 학생부가 이젠 20장을 훌쩍 넘어서 점점 두꺼워지고 있는 추세다. 교사들이 학생들을 어떻게 지도하고 어떻게 기록할지 고민이 될 수밖에 없는 이유다.

2.

학생부라는
미로

교실에서만큼은 평등하자

대학 입시 정보를 정리해 11년째 책을 내고 있는 사람이 있다. 『수박 먹고 대학 간다』의 저자인 박권우 교사다. 입시에 관한 '선생님의 선생님'으로 통하는 그는 매년 전국 각지의 교사들을 상대로 입시 설명회를 연다. 강의 신청은 10분 만에 마감될 정도로 인기가 뜨겁다. 신청자들은 대부분 고등학교 3학년 담임 등 수많은 입시 담당 교사들이다.

■ **김성희** | 고등학교 교사

"사설 입시기관에서 하는 설명회는 약간 뜬구름 잡는 느낌이 있어요. 게다가 내용도 서울에 있는 상위권 대학이 많고요. 그런데 박권우 선생님은 담임 선생님이 지도하는 입장에서 이야기를 해 주기 때문에 훨씬 많이 와 닿아요."

교사들은 박권우 교사의 강의를 들으면 비로소 대학 입시에 대한 밑그림을 그릴 수 있다고 이야기한다. 강의를 통해 큰 맥을 잡은 후 학교로 돌아가 학생들과 구체적인 논의를 한다는 것이다. 박권우 교사의 강의를 바탕으로 입시 지도를 하는 셈이다. 그는 어떻게 이 일을 시작하게 된 것일까?

박권우 교사가 강의를 시작한 것은 17년 전이었다. 첫 부임지였던 인천의 한 여고는 서민들이 모여 사는 달동네였다. 반 아이들 절반 이상이 저소득층 가정이었고 부모는 아이들의 진학 문제를 고민하거나 학업에 신경을 쓸 여력이 없었다. 이런 아이들을 교사마저 포기한다면 그걸로 끝이라는 각오로 입시 관련 정보를 모으는 일에 매달리기 시작했다.

박권우 교사는 부모의 경제력에 의해 학생들의 미래가 결정되는 현실을 우려했다. 학교에서 제대로 된 진학 지도가 이루어지지 않으면 경제적으로 어려운 학생들은 도움을 받을 곳이 없다고 생

『수박먹고 대학간다』로 유명한 박권우 교사는 매년 대입 경향과 전략을 분석해 진학 지도를 해 오고 있다.

각했다. 교실에서만큼은 모두가 평등했으면 하는 바람이었다. 그렇게 시작한 일이 전국으로 소문이 났고, 많은 교사들의 주목을 받게 되었다.

■ **박권우** | 이대부고 입시전략실장·고등학교 교사

"한 반에서 주요 대학에 가는 학생 수가 얼마나 될까요? 소수에 불과하죠. 그래서 성적이 중위권 아래인 학생들에 대한 입시 지도가 현실적으로 더 중요하다는 생각이 들었어요. 서울, 인천, 경기권의 대학들에 대해 좀 자세히 알고 싶었는데 대학 하나하나에 대한 정보는 없더라고요. 지방에 있는 대학일수록 정보는 더 없었고요. 그래서 우리 반 애들이 갈 수 있는 대학을 중심으로 전형 일정부터 전형 방법까지 정리해 나가기 시작한 거죠."

그렇게 정리한 내용을 해마다 책으로 묶어 냈다. 가고 싶은 대학이 있어도 그 대학에 대한 정보를 찾을 수 없다는 아이들의 하소연이 계기가 되어 정보를 찾고 정리를 하다 보니 대학 수도 점점 늘어났다. 서울 소재 41개 대학교와 경기 소재 33개 대학교를 빼곡히 담았다. 교육대학교 10개, 이공계 특성화 대학교 5개는 물론 통학 버스가 다니는 충청권 대학교들까지 넣었다.

그의 진학 지도 끝에는 아이들의 인생이 놓여 있었다. 아이들을 위해서, 진학을 지도하는 교사들을 위해서 하나 둘 자료를 찾아 넣다 보니 책은 해마다 두꺼워졌다. 그가 묶은 책은 전국 134개 대학교의 입시 정보가 수록되어 있고 1,400여 페이지에 달했다.

■ **박권우** | 이대부고 입시전략실장·고등학교 교사

"1번 너는 수시, 2번 너는 정시, 3번 너는 논술, 너는 면접, 너는 적성, 너는 비교과 챙기고, 너는 내신 신경 쓰고, 너는 봉사 활동 해야 하고, 너는 뭐 해야 하고……. 아이들과 함께 거의 7개월을 준비해요. 내신이 똑같고 성적이 똑같으면 먼저 준비한 아이가 대학에 붙어야 공평한 세상이라고 생각해요. 먼저 씨를 뿌리고 더 많이 노력했으니까요. 우리 반 아이들은 2월부터 9월까지 7개월에 거쳐 논술과 면접, 적성 준비를 하는데 다른 애들은 후반기에야 원서 한 번 써 보려고 논술 공부하고 적성 준비하거든요. 그러다 보니 내신이 같아도 우리 반 애들이 대학을 좀 더 잘 가더라고요."

박권우 교사는 각 대학의 입학 요강을 여러 번 읽다 보면 대학마다 어떤 학생을 뽑고 싶은지 행간이 읽힌다고 덧붙였다. 그 즐겁고 짜릿한 정보를 책으로 써서 나누다 보면 휴일도 방학도 제대로 즐길 시간이 없다고 했다. 그러나 그는 인터뷰 내내 즐거운 표정을 지었다. 시간과 노동력이 많이 드는 일일지언정 아이들을 통해 느끼는 보람이 이 일을 지속할 수 있는 원동력이 되는 것 같았다.

미로에 빠진 교사들

박권우 교사처럼 학생들이 담임 선생님을 믿고 따르고 싶어도 업무가 과중한 교사들이 복잡한 입시 전형을 모두 이해하고 학생들의 상황에 맞게 진학 지도를 하기란 결코 쉬운 일이 아니다. 게다가 최근 수시 전형 비율이 늘어나면서 교사들이 느끼는 책임감과 부담감은 더욱 커질 수밖에 없을 듯했다. 이에 대해 교사들은 어떻게 느끼는지 물어보았다.

■ **김성희** ǀ 고등학교 교사

"학생부 종합이나 수시가 고등학교 3년 내내 이루어진 전체 교육 과정을 반영하니까 교사로서 확실히 부담이 되죠. 하지만 아이들에겐 실질적으로 도움되니까 힘들어도 해야 하는 상황이에요."

■ **채동역** ǀ 고등학교 교사

"현실적으로 학생들의 자기소개서에 어떤 표현을 써야 할지 부담이 되는 건 사실이죠. 일일이 손을 봐주는 건 아니지만 그래도 어떻게 썼는지 확인은 하니까요. 당사자인 학생도 힘들겠지만 담임 교사나 진학 담당 선생님도 힘든 부분은 있어요."

교사들은 학생 한 명이라도 더 좋은 대학에 보내기 위해 복잡한 입시 전형 속에서 씨름하고 있었다. 진학을 담당하는 교사들이 느끼는 고충과 고민을 알아보기 위해 제작팀은 교사들을 대상으로 설문 조사를 실시했다. 박권우 교사의 설명회에 참석한 4천여 명의 교사 중 고등학교 3학년을 담당한 교사 1,268명이 설문에 응했다.

이들은 진학 지도를 할 때 가장 어려운 점으로 수업, 행정 등 기타 업무를 45.5%로 가장 높게 꼽았다. 그 다음으로 대입 전형에 대한 정보 부족이 32.2%로 뒤를 이었다. 최근 수시 전형 비중이 늘어난 데에 대해서는 대학별 전형이 너무 많고 복잡하다는 문제점을 꼽은 교사 수가 53.6%로 절반을 넘었다. 대학이 제공하는 평가 기준에 대해 정보가 부족하다는 점은 31.4%였다. 또 한 가지 어려운 점은 학생들의 기대였다. 자신의 등급 컷에 맞는 학교를 무조건 찾아주기를 바라는 학생들도 적지 않기 때문이다. 수없이 많은 대학교, 복잡하고 다양한 입시 전형 속에서 학생 한 사람 한 사람에게 딱 맞는 학교를 찾기란 쉬운 일이 아닐 터였다. 설문 조사 결과에 따르면 학생부종합전형에 대해 교사들은 대체로 다음과 같은 의견을 가지고 있었다.

관리자들의 과도한 명문대 진학 요구.

설문 참여
전국 고3 담임
1,268명

진학지도를 할 때 가장 어려운 점
수업, 행정업무 등 기타 업무로
인한 시간 부족 **45.5%**
대입전형에 대한 정보 부족 **32.2%**

수시모집 진학지도 시 어려운 점
대학별 전형이 너무 많고
복잡하다 **53.6%**
대학이 제공하는 평가기준에
대해 정보가 부족하다 **31.4%**

고등학교 교사들 상당수가 수업, 행정 등 기타 업무로 인해 진학지도가 어렵고 대학별 전형이 너무 많고 복잡하다고 토로했다.

관리자들의 생활기록부 내용 간섭 및 스펙 쌓기용 교내 업무 증가.

수시 전형의 다양화는 대학에는 좋겠지만 고등학교 현장에서는 매우 힘듦.

대입 전형의 복잡성과 학생들의 부담 및 스트레스.

복잡한 대입 전형, 용어가 다 다름.

입학전형이 너무 다양하고 복잡함.

복잡한 대학별 전형 및 학교별 지역별 차별.

너무 복잡함, 예측 가능성 부족, 사교육 기관의 간섭.

대학마다 다른 입시 전형과 입시 용어는 교사들에게도 헤쳐 나가기 어려운 미로인 듯했다.

전형이 많을수록 기회도 늘어난다?

▌ 수시 비중의 증가와 전형의 다양성 때문에 아이들은 학부모의 손에 의해, 정확히 말하자면 학부모가 가진 정보의 힘에 의해 만들어지기도 한다. 물론 학부모 사이에도 차이는 있다. 정보력이 있는 학부모, 정보력이 없는 학부모에 따라 아이들이 받는 영향도 달라진다. 정보력이 없는 학부모의 자녀들은 입시 전형 준비를 따라가기 힘든 점은 당연하다.

한때 3,000개도 넘던 입시 전형은 차츰 간소화되었으나, 학생, 교사, 학부모는 수많은 입시 전형 선택의 갈림길에 여전히 놓여 있다.

　　소위 '3,000트랙 전형'이라는 말이 있었다. 한국 대학교육협의회에 공시된 대학 입시 전형을 분석해 본 결과 한때는 입시 전형이 3,678개에 달했다. 교육부 자료에 의하면 2014년에는 전국 196개 4년제 대학의 전형 방법 총합이 1,454개였다. 2017년에는 867개로 집계되었다. 정부의 대학 입시 간소화 기준에 따라 전형 수는 매년 줄고 있다.

　　그럼에도 불구하고 학부모와 교사, 그리고 아이들은 여전히 대학 입시가 복잡하고 혼란스럽기만 하다. 대입 전형의 길목에 서면 학생들과 학부모, 교사는 수많은 갈림길과 마주하게 된다. '정시냐, 수시냐, 학생부 반영 비율은 얼마냐, 내신 성적 반영 비율은 얼마냐' 하는 것들이다. 이런 입시 전형의 복잡함은 어디에서 생겨나는 것일까? 이 복잡함이 의미하는 바는 무엇일까? 그 답을 찾기 위해 제작팀은 수시 대입 정보 박람회를 찾았다.

수시 전형은 성적과 수치로 줄을 세우기보다 학교에서 다양한 경험을 한 학생들을 선발하겠다는 취지로 만들어졌다. 그만큼 학교 선택권은 확대되었지만 어떤 학교를 택할 것인가 결정하기란 학부모에게 결코 쉽지 않은 듯 보였다.

■ 학부모 A

"전형이 너무 많아요. 우리 아이에게 딱 맞는 전형이 뭔지 객관적으로 알기 어려워요. 자료도 학교마다 과마다 전형마다 다르기 때문에 부모가 다 찾아봐야 해요. 정확한 정보를 찾을 수 없는 경우도 있어서 그것도 어려운 부분이고요."

■ 학부모 B

"설명회를 몇 번 가도 알까 말까 해요. 입시를 한 번이라도 경험한 사람이라면 알 수 있을 것 같은데 미리 준비를 안 하고 있다가 갑자기 고3을 맞이하는 사람한테는 정말 어려운 것 같아요. 용어들도 난해하고요."

"내신을 산정하는 기준도 학교마다 다 달라요. 교과 등급을 매기는 것도 채점 기준이 다르기 때문에 학교마다 전형마다 다 찾아봐야 해요. 또 저희 아이의 강점이 뭘까 생각하는 것도 만만치 않아요. 공부할 시간도 부족한데 이걸 학교별로 찾아서 하나하나 보고 있어야 하니 어렵죠."

학교별 전형별 기준이 다르다 보니 어느 한 전형에만 맞춰서 입시 준비를 할 수 없다는 말이었다. 학생은 학생대로 정시와 수시를 같이 준비해야 한다는 부담감이 클 수밖에 없었다. 수시 전형을 준비하는 것만으로도 할 일이 많은데, 정시 전형을 위해서 수능까지 준비해야 했다. 교사들도 정시를 놓아서는 안 된다고 학생들에게 당부한다. 이런 이중고를 겪고 있는 학생들은 어떻게 생각할까? 치열한 입시 전쟁을 치르고 대학생이 된 지은이는 다음과 같이 말했다.

■ 김지은(가명) | 대학생

"선생님들이 흔히 말씀하시는 게 '정시도 놓치지 말라'예요. 학생부종합전형은 변수가 엄청 큰 제도잖아요. 예를 들어 저한테는 의미가 큰 경험이어서 학생부를 쓸 때 적었다고 해도 면접관 눈에는 별 것 아닌 일로 보일 수 있거든요. 그러면 점수를 못 받고 떨어질 수 있잖아요. 그런 위험에 대비해 정시도 준비해야 하는 거죠."

학생들은 정시에 세 번, 수시에 여섯 번을 지원할 수 있다. 언뜻 들으면 기회가 많은 것처럼 느껴진다. 하지만 대학마다 인재상도 다르고 평가 요소도 차이가 많다. 지원하는 학교에 맞추어 필요한 자료들을 준비해야 한다는 말이다. 과연 학부모 입장에선 이 일을 어떻게 보고 있을까? 학부모 정미진 씨의 말을 들어 보았다.

■ 학부모 D

"원서를 6개 내더라도 확신을 할 수가 없어요. 그래도 합격이 될 만한 걸 제출하긴 해야죠. 어떻게 될지 모르니까요. 지금 심정으론 한 30개 내고 싶어요."

수시 전형은 학생부교과, 학생부종합, 논술, 특기자전형이 있다. 특히 학생부종합전형의 경우, 내신 성적과 면접, 자기소개서, 비교과 활동 등, 여러 가지를 두루 챙겨야 한다. 비교과 활동만해도 자율 활동, 동아리 활동, 봉사 활동, 진로 활동 등의 세부 사항이 있다. 입시를 준비하는 한 고등학생은 '대학에 맞춰 자기소개서도 다르게 써야 하고, 면접도 다르게 준비해야 하는' 어려움에 대해 토로했다.

혹시라도 우리는 제도가 많다는 것을 기회가 많다는 것으로 자칫 잘못 해석하고 있었던 것은 아닐까? 입시 전쟁을 치르고 있는 학생들과 학부모, 교사들은 이구동성으로 다양한 입시 전형이 오히려 복잡하고 어렵다고 말하고 있었다. 어떤 전형이 학생에게 적합한지, 선택했을 때 어떤 결과를 맞게 될지 전혀 예측할 수 없기 때문이다.

3.

디테일의
함정

학생부종합전형은 입시종합전형?

현재 우리나라 입시는 정시와 수시를 동시에 잡아야 하기에 수험생들에게 부담감이 크다. 당장 대학 입시 시험을 치러야 하는 학생들에게 필요한 것은 무엇일까? 재수생 재훈이의 이야기를 들어 보았다.

■ **강재훈(가명)** ｜ 재수생

"결국은 또 정보력 싸움이 되는 거죠. 누가 정보를 더 많이 알고 미리 준비하느냐가 사실 제일 중요해요. 입시에 관심이 있는 부모님이 계시면 당연히 유리하겠죠. 저처럼 이렇게 혼자서 찾아보는 건 힘들어요."

학부모 최진희 씨도 재훈이와 비슷한 말을 했다.

■ **최진희(가명)** | 학부모

"대학마다 전형이 다르기 때문에 부모가 같이 도와주지 않으면 안 돼요. 전형이 너무 많아서 정보가 없으면 아이를 대학에 보내는 게 너무 힘들어요. 엄마의 정보력이 아이를 대학에 보내는 세상이에요."

현 대학 입시 전형은 공부를 잘 하면서 부모에게 도움까지 받을 수 있는 학생들에게만 유리한 제도인 것일까. 보통 설명회에 나오는 정보들도 상위권 학생들에게 집중되어 있었다. 심지어 2등급 이하인 학생들에게는 전형이 많아도 별 의미가 없다는 반응조차 나오는 실정이었다.

사교육걱정없는세상이 전국의 학생, 학부모, 교사를 대상으로 현재 대학 입시 전형에 대해 실시한 설문 조사 결과를 보면 학생 93.8%, 학부모 96.6%, 교사 96.0%가 지나치게 복잡하다고 대답

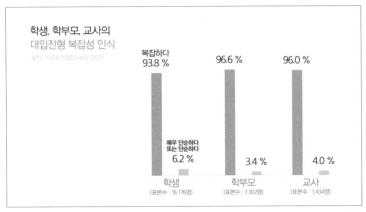

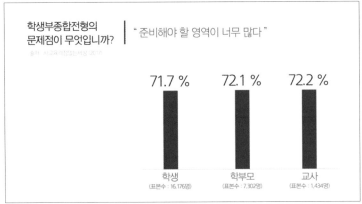

학생, 학부모, 교사 모두 학생부종합전형이 너무 복잡하고 준비할 것이 많다고 말한다.

했다. 또 학생 71.7%, 학부모 72.1%, 교사 72.2%가 학생부종합전형의 가장 큰 문제점으로 준비해야 할 영역이 너무 많다는 점을 꼽았다. 학생, 학부모, 교사 모두 현행 대입 전형이 지나치게 복잡하다고 인식하고 있었다.

학생부종합전형은 학생부 교과와 비교과를 종합적으로 보기 때문에 이런 이름이 붙여졌다. 그러나 학생부종합전형은 학생부만 보지 않는다. 많은 대학에서 학생부종합전형에 수능 최저등급을 적용한다. 다시 말하자면 수능 시험도 놓쳐서는 안 된다는 의미다. 즉, 학생부종합전형은 수능 시험과 결합된 입시 전형이다. 게다가 대다수의 대학은 심층 면접도 실시하는데 자기소개서까지 덧붙여야 한다. 사실상 학생부종합전형은 '입시종합전형'이라고 불리는 것이 더 어울릴 법하다.

입시 전형과 불안함의 상관관계

실제로 학생부종합전형은 얼마나 복잡하며 그것을 준비하는 학생들의 불안도는 어느 정도일까? KAIST 수리과학과의 김성호 교수와 함께 입시 전형의 복잡성을 수학식으로 만들어 보았다.

수시 6회, 정시 3회라는 총 9번의 지원 기회가 합격할 확률과 만족도에 미치는 영향을 함수로 풀어 보았다. 이 함수에서 중요한 변수는 전형 요소의 개수와 복잡성의 정도이다. 이를 계산한 함수식은 다음 페이지의 그림과 같았다. 여기서 a의 개수는 불확실성 혹은 복잡성의 정도이며, x는 전형 요소를 뜻한다.

■ **김성호** ｜ KAIST 수리과학과 교수

"결과적으로 학교에 지원할 때까지 학생들이 모르는 게 너무 많습니다. 전형 요소가 늘어나면 늘어날수록 학생들이 가늠해야 될 요소들도 늘어나거든요. 전형 요소가 하나일 때와 두 개일 때 느끼는 불안은 다릅니다. 한 차원이 늘어날 때마다 불확실성은 두 배가 아니라 기하급수적으로 커지니까요."

연구 결과 전형 요소가 늘어날수록 입시의 불확실성과 복잡성은 기하급수적으로 늘어났다. 대학 입장에서는 전형 요소를 늘리는 것이 변별력을 키우는 데 효과적이라고 보겠지만 학생 입장에서도 그렇다고 할 수는 없었다. 합격률을 높이기 위해 쓰는 에너지와 받는 스트레스가 산술적으로 증가하는 것이 아니라 기하급수적으로 늘어났기 때문이다. 과연 전형 요소를 늘리는 것을 하나 더 추가한다는 식으로만 여겨도 되는 것일까? 실험 결과는 '아니오'라고 답한다.

학부모들의 모의고사

취재를 할수록 대학 입시는 학생 혼자 준비하기 어려운

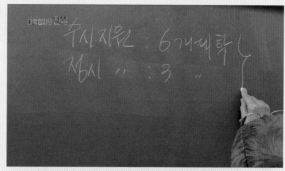

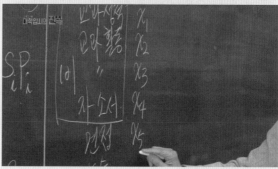

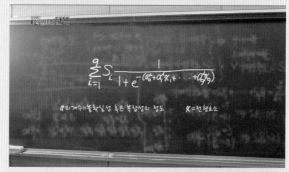

KAIST 수리과학과의 김성호 교수가 풀어 본 오늘날 입시 전형의 복잡성. 전형 요소가 늘어날수록 입시의 불확실성과 복잡성은 기하급수적으로 늘어난다.

것으로 보였다. 그렇다면 가장 가까이에서 아이들을 도와주는 학부모들은 대학 입시 전형에 대해 얼마나 알고 있을까? 제작팀은 고등학교 자녀를 둔 학부모가 입시에 대한 최소한의 기본 정보와 지식을 어느 정도 갖춰야 하는지 살펴보기로 했다. 입시 전문가인 박권우 교사가 출제한 입시 관련 문제를 가지고 학부모들을 대상으로 모의고사를 진행했다.

제주를 포함한 전국의 학부모 1,500명이 모의고사를 풀었다. 모의고사 문제는 상, 중, 하 난이도를 조절해 총 25문항으로 추려졌다. 이 모의고사의 채점 점수는 물론 지역별, 가구 소득별 점수 결과도 나왔다. 생각보다 낮은 점수였다.

모의고사의 최고점은 100점, 최저점은 16점이었고 평균은 55.4점이었다. 남녀 간의 점수 차도 있었다. 여성은 평균 58점, 남성은 52.7점으로 아빠보다 엄마의 점수가 더 높다는 것을 알 수 있다. 또한 대도시로 갈수록 점수가 높아지는 경향이 나타났다. 대도시에 거주하는 학부모들의 모의고사 평균 점수는 56.9점, 중소도시는 54.3점, 읍면 지역은 53.8점이었다. 특히 서울 지역은 57.9점으로 평균 이상의 점수를 보였는데 그 중에서도 강남 3구의 점수가 58.7점으로 가장 높았다. 정보의 노출 빈도 때문인지 대도시 학부모들의 점수가 더 높게 나왔다. 경제력에서도 격차가 드러났다. 월수입이 300만 원 미만인 가구의 평균 점수는 50.5점,

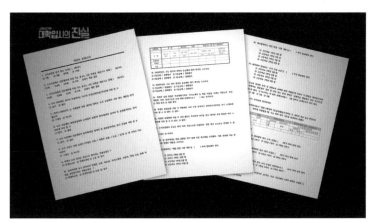

전국의 학부모 1,500명을 대상으로 풀어 본 대학 입시 전형 모의고사. 부모들은 입시에 대해 얼마나 알고 있을까?

300~499만 원인 가구는 54.6점, 500~699만 원인 가구는 56.8점, 700만 원 이상인 가구는 57.6점을 나타냈다. 월평균 소득이 높을 수록 점수가 높았다. 한 달 사교육비를 많이 지출하는 가정일수록 평균 이상의 높은 점수를 받기도 했다. 사교육비가 100만 원 미만 인 가구는 평균 점수가 55.25점, 100만 원 이상인 가구는 56.9점 을 기록했다. 이 결과에 대해 박권우 교사는 다음과 같이 말했다.

■ **박권우** | 이대부고 입시전략실장·고등학교 교사

"정보를 가진 자와 가지지 못한 자의 차이가 나는 것 같아 걱정

학부모 모의고사
평균점수

평균점수 55.4점

100.0점 — 최고점
16.0점 — 최저점

학부모 모의고사
성별점수

평균점수 55.4점

52.7점 — 남자
58.0점 — 여자

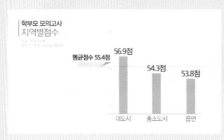

학부모 모의고사
지역별점수

평균점수 55.4점

56.9점 — 대도시
54.3점 — 중소도시
53.8점 — 읍면

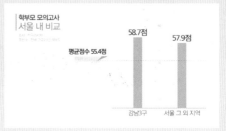

학부모 모의고사
서울 내 비교

평균점수 55.4점

58.7점 — 강남3구
57.9점 — 서울 그 외 지역

학부모 모의고사
가구 소득수준별 점수

평균점수 55.4점

50.5점 — 300만원 미만
54.6점 — 300~499만원
56.8점 — 500~699만원
57.6점 — 700만원 이상

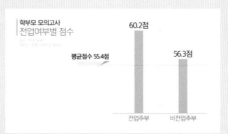

학부모 모의고사
전업여부별 점수

평균점수 55.4점

60.2점 — 전업주부
56.3점 — 비전업주부

학부모들의 모의고사 성적표는 성별, 지역별, 소득수준별, 전업여부별로 확연한 차이를 보였고, 이는 대입에서 곧 정보 격차를 의미한다.

이 됩니다. 이런 것과는 상관없이 부모님들이 입시에 관심을 가졌으면 하는데, 결과는 사교육을 시키는 것에 비례해서 입시 정보도 더 많이 알고 있다고 드러나네요. 마음이 씁쓸합니다."

전업주부냐 아니냐의 차이도 있었다. 전업주부는 평균 60.2점, 비전업주부는 평균 56.3점으로 전업주부인 학부모의 점수가 평균보다 높게 나왔다. 전업주부는 비전업주부에 비해 시간이 여유롭고 학교 설명회를 비롯해 여러 설명회에 참가하며 정보를 얻을수 있는 기회가 많기 때문인 것으로 분석되었다. 결과적으로 직장을 가진 학부모들은 입시 정보를 얻기 쉽지 않은 구조라는 것이 통계로 나타난 셈이다.

정보 격차가 말하는 것

학부모들의 모의고사 점수 결과에서도 정보의 격차가 드러났다. 이 차이는 어디에서 오는 것일까? 제작팀은 모의고사 점수에 차이가 나는 이유를 찾기 위해 직접 학부모들을 만나보기로 했다.

고득점군의 학부모는 학원 설명회를 찾아다니고 다른 학부모들과도 자주 만나 교육에 대한 이야기를 나누는 등 적극적으로 정보를 얻고 있었다. 반면 저득점군의 학부모는 거의 학교에서만 정보를 얻는다고 했다. 모의고사 최고점인 100점과 최저점인 16점 사이에서 고득점군과 저득점군에 해당하는 학부모 두 명을 만나 각각 이야기를 들어 보았다.

■ **유선애(가명)** | 고득점군 학부모

"학교에서 주는 정보로는 부족해서 사설 학원 설명회에 많이 가요. 학부형들끼리 얘기도 하고요. 모이면 아무래도 교육 얘기를 제일 많이 하는데 그럴 때 정보를 많이 들어요. 그래도 학원 설명회가 제일 정확한 것 같아요. 대치동이나 반포 쪽 학원에 주로 가는 편이에요."

■ **오정화(가명)** | 저득점군 학부모

"학교마저 안 갔으면 문제를 전혀 못 풀었을 거예요. 학교에서 수시 원서는 언제 쓰고 몇 번 쓸 수 있고 그런 정보들 알려주잖아요. 선생님께서 이런 이야기를 하면서 조금씩 짚어 주는 걸 들은 게 다죠."

모의고사 점수와 정보를 얻는 곳은 달랐지만 두 학부모가 동의

두께만큼이나 학생부에는 학생들의 성장 기록이 빼곡히 적혀 있다. 이 학생부에는 거주지와 소득 차이에 따른 격차도 고스란히 담겨 있다.

하는 점이 한 가지 있었다. 입시 전형이 아이 혼자 공부하면서 준비하기엔 버겁다는 사실이었다. 자기소개서도 미리 준비해야 하고, 자녀가 할 수 있는 봉사 활동도 찾아 봐야 하는 등 자신들도 덩달아 바쁠 수밖에 없다고 했다. 게다가 엄마가 입시에 대한 상식도 갖지 못한 채 아이에게만 "너, 대학 어떻게 갈 거냐?"라고 할 수 있겠느냐며 자신들도 공부해야 한다고 덧붙였다. 부모의 관심 없이 아이 혼자 대학에 들어가기 힘든 현실이라는 사실에 이들은 누구보다도 깊이 공감하고 있었다. 정도의 차이는 있지만 사교육에 의지하지 않을 수는 없다는 점에도 동의했다.

■ **유선애(가명)** | 고득점군 학부모

"대학에 들어간 애들이 '나는 사교육으로 성공한 거다'라는 말을 많이 하죠. 지금 스카이가서 대학교 1학년인 애가 고등학교 다닐 때는 이야기 못하다가 들어간 다음에 말해요. '나는 만들어진 아이야'라고. 그런 이야기를 솔직하게 해요."

■ **오정화(가명)** | 저득점군 학부모

"학원 원장님을 많이 의지했어요. 그게 아이에게 미안했어요. 나는 해 주는 게 없었으니까요. '일어나, 밥 먹어, 잘 잤니, 오늘도 무사하게 아무 일 없었지?' 그냥 눈에 보이는 것만 물어봤어요. 애가 요즘 머리가 한 짐이라고 하더라고요. 그래서 내가 뭘 해 줄까? 라고 물었더니 애가 그래요. '엄마, 입시 공부 많이 해 주세요.' 그래서 어떤 걸 공부할까 그랬더니 어떤 참고서가 좋은지 한 번 봐 주고, 원서 쓰는 것도 봐 달래요."

저득점군 학부모가 사는 지역은 교육열을 1위부터 100위까지 구분할 때 90위 정도에 속하는 곳이었다. 이 학부모가 사는 곳보다 교육열이 낮은 곳은 대한민국에 몇 군데 없을 정도였다. 그들은 대입 준비를 하면서 가장 힘든 점이 '정보가 없어서 막막하다'는 점이라고 했다. 언제부터 이들은 정보 격차를 느끼고 있었을까?

사실 이미 오래 전부터 정보 격차는 발생하고 있었다. 정보 격차는 단순히 대학 입시를 보고 난 후에 생기는 것이 아니라 대학 진학을 준비하는 동안 꾸준히 발생하는 것이기 때문이다. 짧게는 고등학교 3년, 길게는 중학교 때부터 시작해 6년 이상이다. 이때부터 발생한 정보의 격차가 점점 누적되어 대학 입시에까지 영향을 미치는 것이다. 결과적으로 정보 접근 가능성이 높은 사람과 낮은 사람 사이에 정보 격차가 지속적으로 발생할 수밖에 없는 현실이다.

학생부를 중시하는 입시 환경 속에서 정보 격차는 우리에게 많은 생각거리를 안겨주었다. 거주지와 소득 차이에 따른 격차가 학생부에도 고스란히 녹아들어 있는 게 제작팀의 피부에도 여실히 와 닿았기 때문이다.

교육의 공정성은 교육의 기반을 이루는 중요한 토대이다. 그러나 지나치게 복잡한 학생부 전형은 정보력을 더 많이 갖고 있는 학생들에게 유리하게 작용하고 있었다. 학생이 지닌 실력 자체가 아닌 부모의 정보력이 입시 결과에 결정적 영향을 미치고 있는 것이다.

4. 한국 학생부를 보는 외국의 시선

프랑스, 일본, 독일, 미국 교사가 본 한국의 학생부 ▮

▮　　정보의 차이에 따른 결과의 차이가 다른 나라의 학생부에도 드러날까? 다른 나라의 대학에서는 학생들을 선발할 때 학생부를 얼마나 중요한 평가 자료로 활용하고 있을까? 제작팀은 프랑스, 일본, 독일, 미국 네 나라의 진학 담당자들을 만나 보았다.

　　제작팀은 우리나라 한 고등학생의 학생부를 각 나라의 언어로 번역해 그들에게 보여 주고 어떤 생각이 드는지 평가해 달라고 요청했다. 학생부를 본 외국 교사들의 반응은 우리가 생각했던 것보다 훨씬 놀라웠다. 프랑스 피에르 코르네유 고등학교의 아르노 바튀 교사의 말부터 들어보자.

■ **아르노 바튀** | 프랑스 피에르 코르네유 고등학교 교사

"놀랍군요. 프랑스에서는 이런 종류의 학생부를 볼 일도 없고 작성할 수도 없으니까요!"

일본의 주체적 배움 연구소의 구라베 시키 연구원은 이것이 학생 한 명의 서류가 맞는지 재차 확인했다.

■ **구라베 시키** | 연구원 일본 주체적 배움 연구소

"이것이 학생 한 명의 서류가 맞나요? 정말입니까? 굉장히 양이 많네요."

페이지 수를 세어 가며 보던 이도 있었다. 독일의 케플러 김나지움의 울리히 퀘거 교사였다.

■ **울리히 퀘거** | 독일 케플러 김나지움 교사

"와우, 28페이지, 29페이지, 30페이지! 대단히 분량이 많군요. 내용도 지나치게 세부적이고요. 이런 건 우리 아비투어 성적표

에는 나타나지 않는 부분입니다."

미국의 벤자민 카도조 고등학교의 니나 트리카리코 교사는 딱 잘라 한국의 학생부를 비판했다.

■ **니나 트리카리코** | 미국 벤자민 카도조 고등학교 교사
"분량을 줄여야 합니다. 이런 학생부는 보여주기식에 불과합니다. 비록 학생이 이 모든 성과를 기념하고 싶었거나, 이 모든 걸 성취했다고 해도 이건 아니라고 생각해요."

외국의 교사들은 이구동성으로 "전체적으로 교사들이 작성하거나 대학 입학 담당자들이 읽기에 양이 너무 많다"라고 지적했다.

우리나라 학생부를 두고 이들의 이야기를 듣는 동안 한 가지 특이한 점이 발견되었다. 다른 나라의 학생부에는 없고 우리나라의 학생부에만 있는 내역이 있었다. 바로 학생부 첫 페이지에 있는 수상 내역, 수상 일자, 학생이 받은 수많은 상에 대한 기록이었다.

이것과 관련해서 피에르 코르네유 고등학교의 아르노 바퀴 교사는 "한국과 프랑스의 교육 시스템 자체가 굉장히 다르다"라는 의견을 표했다. 프랑스에는 이런 수상 내역을 쓰는 란이 일절 없

프랑스, 일본, 미국, 독일 네 나라의 진학 담당자들이 한국 고등학생들의 학생부 기록을 살피고 있다.

다는 것이었다.

일본의 구라베 시키 연구원도 수상 경력에 대해 "직장인이 이직할 때 자신의 경력을 기재하는 서류와 비슷하다"라고 언급했다. 상이 하나도 없는 학생은 창피하다고 여길 수 있는 점도 우려했다. 그는 또 '어떤 책을 읽었는가'에 대한 내용을 보더니 "문학부가 아닌 이상 일본 대학 입시 전형에서는 학생이 읽은 책에 대해서 묻는 일은 거의 없다"라고 덧붙였다. 일본에서는 무슨 책을 읽었는지 묻고 기록하는 것을 굉장히 경계하는 편이라고 했다. 어떤 발상이나 사상을 가진 사람을 바람직하지 않다고 생각해서 배제하는 일, 이 책을 읽은 사람이라면 신뢰할 만한 사람이라고 판단하는 일이 없도록 하기 위해서였다. 그런 판단은 인권과 관련된 중요한 문제로 여겨진다고도 했다.

독일의 아비투어 성적표도 한국과 상당히 다른 양상을 보였다. 한국 학생부에는 '지속적인 성실한 수업 태도', '수업 내용에 집중하여 학습 효과를 높인다'와 같이 겉으로 드러나는 학생의 태도에 대한 기록이 있지만 독일에서는 그런 내용을 쓰지 않는다는 것이다. 독일의 성적표에는 오직 학업 능력에 대해서만 기입되어 있었다. 예를 들면 영어는 '아주 좋음' 역사는 '좋음'과 같이 나타냈다.

프랑스, 일본, 독일, 미국은 각자가 처한 교육 환경과 제도가 제

각기 다르기에 학생부 또한 다를 수밖에 없을 것이다. 그럼에도 이들은 한국의 학생부를 보고 비슷한 목소리를 냈다. 지나치게 과하다는 점이었다.

■ **잭키 쿠커** | 미국의 벤자민 카도조 고등학교 교사

"제 생각에 한국의 학생부는 특정한 형식이나 양식이 있는 것 같아요. 저희는 전혀 그렇지 않아요. 이 학생부를 기록한 선생님은 한 반 학생들 35명 모두를 면담한 후에 이걸 작성한 것 같지는 않은데요."

■ **질 아마뉴** | 프랑스의 잔다르크 고등학교 교장

"프랑스 것보다는 훨씬 복잡하네요. 프랑스 학생부는 아주 간결해서 몇 분만 봐도 학생을 평가하는 데 중요한 몇 가지 요소를 걸러낼 수 있거든요. 반대로 한국의 학생부는 굉장히 조밀하군요. 기록되어 있는 능력의 가짓수도 많고요. 그런데 이 능력들은 학업과는 큰 관계가 없는 교과 외 역량인 경우가 많은 데요."

■ **요하네스 쉥크** | 독일의 케플러 김나지움 교사

"문제는 이 정보들이 어느 정도로 유효한 정보인가 하는 점입니다. 이것이 어떻게 형성되었는지 그리고 여기에 쓰인 것들이

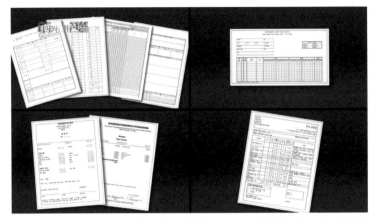

프랑스, 독일, 일본, 미국 네 나라의 학생부에는 주관적인 서술보다는 수치화된 자료가 기록되어 있다.

다 사실인가 하는 점들 말이지요."

학생부에 적힌 문장의 모호함에 대한 지적도 있었다.

■ **잭키 쿠커** | 미국의 벤자민 카도조 고등학교 교사

"'이 학생은 소통 능력이 뛰어납니다'라는 말은 학생이 글을 잘
쓴다는 건가요? 아니면 자기 의사를 말로 뚜렷하게 표현할 수
있다는 뜻인가요? 잘 모르겠네요. 솔직히 말하자면 이건 학생
보다도 이걸 작성한 평가자가 모호하게 표현한 것 같아요. 이
에 대한 어떤 예시도 없고요."

이렇듯 외국의 교사들은 우리나라 학생부에 대해 한결같이 놀랍다는 표현을 했다. 그들의 놀라움은 긍정보다 우려의 마음이 담겨 있었다. 과연 우리의 학생부는 이대로 좋은 것일까?

우려의 시선은 이미 있었다

교육이란 그 사회가 요구하는 바람직한 사람을 길러내는 일이다. 대학은 그 교육 과정의 중요한 관문 중 하나이다. 각 나라마다 대학 입시의 목적과 철학이 다르고 학생부가 차지하는 위치와 비중 또한 차이가 나기 마련이다.

하지만 프랑스, 독일, 일본, 미국 네 나라의 학생부를 살펴 본 결과 공통점이 한 가지 있었다. 주관적인 서술을 최대한 배제하고 검증되고 수치화된 자료만 학생부에 기록한다는 점이었다. 또한 대학 입시의 기초 자료로 학생부를 사용하기보다 학습 지도용이나 학부모와의 의사소통을 위한 매개체로 활용하고 있었다.

취재 도중 제작팀은 교육부의 한 정책연구 보고서를 입수했다. 〈대학 입학 전형 제도의 개선에 관한 연구1995. 8〉였다. 현재 수시 전형의 출발점이었던 시기에 나온 이 보고서에는 당시 시행 2년차를 맞고 있던 대입 전형에 대한 개선안을 담고 있었다. 그리고

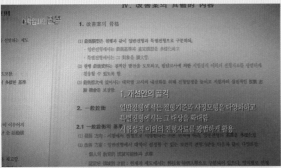

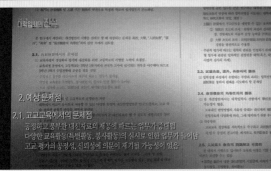

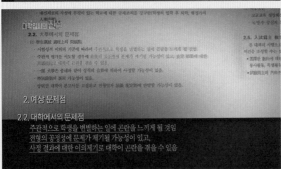

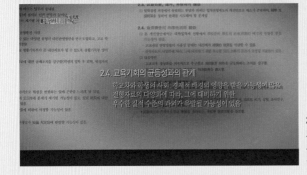

20여년 전 대학 입학 전형 제
도의 개선에 관한 연구 보고
서에는 이미 우려의 시선이
깃들어 있었다.

그에 따른 예상 문제점을 고교별, 대학별로 적고 있었다. 그 내용은 다음과 같았다.

1. 개선안의 골격

일반전형에서는 전형기준과 사정모형을 다양화하고 특별전형에서는 그 대상을 확대함.

시험성적 이외의 전형자료를 광범하게 활용함.

2. 예상 문제점

2.1. 고교 교육의 문제점

공정하고 풍부한 내신 자료의 제공에 따르는 업무가 증가됨.

다양한 교육 활동특별 활동, 봉사 활동의 실시로 인한 업무가 늘어남.

고교 평가의 공정성, 신뢰성에 의문이 제기될 가능성이 있음.

2.2. 대학에서의 문제점

주관적으로 학생을 변별하는 일에 곤란을 느끼게 될 것임.

전형의 공정성에 문제가 제기될 가능성이 있음

사정 결과에 대한 이의 제기로 대학이 곤란을 겪을 수 있음.

2.4. 교육 기회의 균등성과의 관계

학교차와 학생의 사회, 경제적 배경의 영향을 받을 가능성이 많음.

전형 자료의 다양화에 따라, 그에 대비하기 위한 우수한 질적 수준의 과외가 유발될 가능성이 있음.

당시 예상했던 문제점들은 20여 년이 지난 지금의 학생부 전형에 고스란히 드러나고 있었다.

그동안의 입시 제도는 과연 발전적으로 진화해 온 것일까. 너도 나도 대입 제도의 피해자라고 주장하는 지금, 우리는 대학으로 가는 길을 어떻게 찾아야 할까. 서울대학교 서어서문학과 김경범 교수의 이야기를 들어 보았다.

■ **김경범** | 서울대학교 서어서문학과 교수

"현재 1/3 정도를 학생부종합전형으로 선발하고 있습니다. 지금은 문제점을 더 많이 드러내야 할 시점인 것 같습니다. 이 제도를 앞으로 계속 운영할 것인지 아니면 시험 시스템으로 돌아갈 것인지 말입니다. 문제를 놓고 무엇을 고쳐가야 될지를 우리가 아는 것이 이 제도를 하느냐 마느냐보다 훨씬 더 중요한 문제인 것 같아요."

현재 대학 입시 제도에 대해 여러 가지 비판과 문제점이 제기

되고 있는 상황은 차라리 다행스러운 일인지도 모르겠다. 분명한 것은 앞으로 이러한 문제점들을 해결하면서 대입 제도를 바꾸는 형태로 가야 할지, 아니면 새로운 방법을 모색해야 할지 논의가 필요하다는 점이다.

학기 초가 되면 발 빠른 엄마들은
앞 다퉈 학원과 사교육 입시 컨설팅 업체를 찾는다.
좋은 대학을 위해, 내 아이를 위해 엄마들은 적극적으로 나섰다.
소위 특목고나 명문대에 보내기 위해 엄마들은
아이들의 일거수일투족을 확인하려 했다.
대학 입시에 대한 불안도가 높은 엄마들은 부족하다고 생각되어
사교육 컨설팅 업체를 찾아다녔다.
날로 치열해지는 경쟁 속에서 아이들의 입시를 위해 뛰고 있었다.
하지만 그 의도가 무엇이든
방법마저 모두 옳다고 할 수 있을까?

3장

엄마들의 대리전쟁

EBS 다큐프라임
대학입시의 진실

1. 과거에서 지금까지, 엄마들도 달린다

자녀의 학생부를 수정한 교사

지난 2016년 여름, 경기도 교육청에 한 건의 제보가 들어왔다. 학생부와 관련된 내용이었다. 한 학교의 교무부장이자 한 아이의 엄마가 같은 학교에 재학 중인 자녀의 생활기록부를 조작한 사건이었다. 이 교무부장은 자녀가 학교에 입학한 시점부터 3년 동안 즉, 자녀가 졸업할 때까지 교무부장 직을 맡았다. 과연 우연이라고만 할 수 있을까?

본래 교무부장은 학생부를 읽을 수 있는 권한만 있다. 하지만

이 고등학교는 교무부장에게 학생부를 수정할 수 있는 기재 권한까지 부여했다. 덕분에 학부모인 교무부장은 자기 자녀의 학생부를 치밀하게 수정할 수 있었다.

어떻게 이런 일이 가능했을까? 사건의 교무부장은 생활기록부를 수시로 조작한 것이 아니라 학년이 넘어가는 시점을 노렸다. 1학년에서 2학년으로, 2학년에서 3학년으로 진급하는 시점이 되면 담임 교사가 한 해 동안의 생활기록부를 마감한다. 이후에는 열람 권한이 2학년 담임 교사에게 넘어가기 때문에 생활기록부를 직접 작성한 담임 교사도 해당 학생도 볼 수 없다. 교무부장은 이점을 악용해 이 시기에 집중적으로 조작을 시도했다.

학교 측은 이 사실을 알았지만 사건을 밝히기는커녕 오히려 은폐하려 들었다. 그러나 수사 도중 교무부장의 수정 사실은 낱낱이 드러났다. 교무부장은 3개 영역에서 316자만 조작했다고 주장했으나 교사들을 대상으로 조사한 결과 더 많은 조작 사실이 확인되었다. 현재 존치 중인 분량에서 11개 영역, 1,473자가 추가 수정되어 총 14개 영역에서 1,789자를 조작한 것으로 드러났다.

생활기록부는 한두 자만 정정하려 해도 객관적인 자료가 필요하고 까다로운 절차를 거쳐야 한다. 근거가 될 만한 객관적인 자료도 없이 1,700여자를 정정한 교무부장의 행태는 경기도뿐만 아니라 전국 어디에도 없는 일이었다.

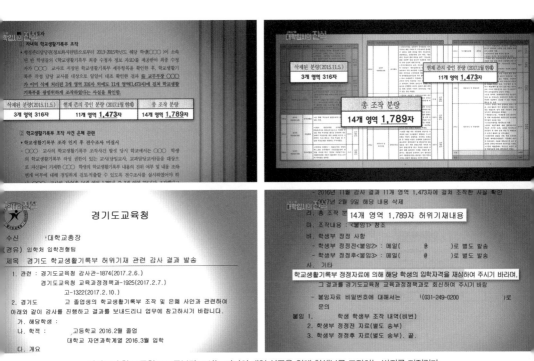

경기도의 한 고등학교 교무부장 교사는 자녀의 대입 성공을 위해 학생부를 조작하는 범죄를 저질렀다.

교무부장의 자녀는 수시 전형을 통해 100% 학생부종합전형으로 서울의 주요 대학교에 합격했다. 없는 사실을 꾸며내고 내용을 과장해서 쓴 학생부로 말이다. 경기도 교육청은 감사를 진행하기로 결정했고, 결과에 따라 해당 교사 자녀의 입학 자격에 대해서 대학 측에 재심을 요청하기로 했다.

사건의 핵심에 있던 교무부장은 사태를 무마하기 위해서 사직

서를 제출하고 퇴직했지만 이 소식을 전해 들은 해당 학교의 학부모들은 분노의 감정을 표했다.

■ 학부모 A

"사실 어떤 아이들은 한 학기 혹은 1년, 길게는 3년 동안 학생부에 기록되는 그 한 줄을 위해 엄청난 시간과 돈을 써요. 그런데 교육하신다는 분이 아이의 기록에 손을 댔다는 이야기를 들으니 허탈한 기분이 드네요. 누군들 그러고 싶지 않겠어요."

처음에는 교무부장도 사명감을 가지고 교사라는 길을 선택했을 것이다. 도대체 무엇이 교무부장으로 하여금 학생부 조작이라는 행위까지 하게 만들었을까? 엄마라는 이름으로 자신의 아이에게 더 좋은 환경을 만들어주고 싶어서였을까? 의도가 무엇이든 방법마저 옳다고 할 수 있을까?

누구나 경쟁 위에 서게 되면 이길 수 있는 방법을 찾고, 경쟁에서 뒤떨어지면 불안하기 마련이다. 그 불안한 출발선에 서 있는 건 아이들만이 아니었다. 좋은 대학을 위해, 내 아이를 위해 엄마들도 위태롭게 달리고 있었다.

고비용 컨설팅을 포기할 수 없는 이유

학기 초가 되면 각종 학원마다 새로운 반 개설을 앞두고 설명회가 열리고 발 빠른 엄마들은 앞다퉈 학원을 찾는다. 제작진도 학부모들을 뒤따라가 보았다.

강남의 한 사설 학원에서 설명회를 진행하던 강사에 따르면 "서울 지역의 경우에는 3월 모의고사가 끝나면 학교 선생님이 그 점수를 가지고 아이들의 '인 앤 아웃'을 결정한다고 한다. 중학교 내신을 못 믿는다는 이유에서였다"라고 단호히 말했다. 강사가 말한 '인 앤 아웃'은 무슨 뜻일까?

강북의 K모 고등학교는 학생들을 성적순으로 1등부터 20등까지 끊는다. 선택된 학생들에 대해선 학교 차원에서의 지원을 아끼지 않는다. 강북의 Y고등학교도 7명, 10명까지 선을 그어 학생들을 분류한다. 기숙사에 넣고 따로 공부시키기 위해서다. 이 모든 것이 서울대에 보내기 위해서라고 한다. 겉으로 드러나지 않을 뿐 강남은 이보다 더 심하다. 선택된 아이들이 더 많은 혜택을 받는 것은 당연할 것이다. 그렇다면 나머지 아이들은 어디에서 정보를 얻는 것일까? 학원 혹은 입시 컨설팅 업체였다.

■ 학원 강사

"요즘 대세는 학생부종합전형입니다. 고3 올라가는 겨울에 준비를 하는 경우가 많은데 그때 시작하면 이미 늦은 거예요. 학생부는 그 전에 거의 끝나 있다고 보셔야 돼요. 그러면 어떻게 해야 할까요? 제가 찾은 솔루션은 중학교 1학년 때부터 준비해야 된다는 겁니다. 제가 수차례 경험해 보니 그게 답이더라고요."

이곳에서는 학생부종합전형이 확대되는 추세에 맞춰서 학생부를 중학교 1학년부터 준비해야 한다고 강조했다. 선행학습이 필요하다고 부추겼다.

■ 학원 강사

"영재고나 과학고를 준비하는 초등학교 4~6학년, 이때부터가 진짜 시작입니다. 중학교 1학년 여름이나 가을까지 중등 수학이 마무리 되어야 합니다. 요즘에는 중학교 1학년 가을까지 중등 수학을 마무리하기 참 좋아요. 왜냐하면 자유학기제가 있잖아요. 고등학교 땐 오히려 수월해요. 내신과 학생부, 자기소개서, 책읽기 관리만 하면 되기 때문이죠. 성적만 잘 받으면 좋은 대학에 갈 수 있습니다."

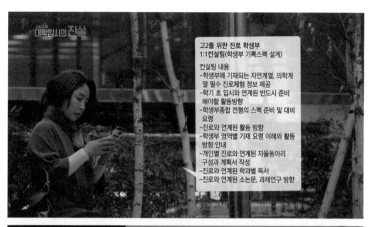

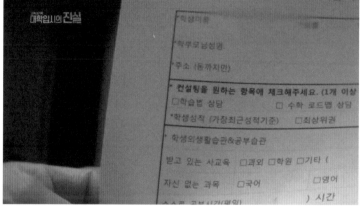

정보력이 없는 학생들은 다양한 입시 전형에 대비하는 것이 쉽지 않다. 엄마들도 앞다퉈 입시 전쟁에 뛰어들고 있다.

    학원에서 말하는 이 코스대로 아이를 교육시키려면 입시 컨설팅을 받아야 하고 그 비용은 수 백 만원에서 수 천 만원을 오간다. 하지만 엄마들은 그 큰 비용을 내는 한이 있더라도 컨설팅을 쉽게 포기할 수 없다고 입을 모아 말한다. 어떻게 보면 돈을 쓰는 일이 가장 쉬운 일처럼 보이기도 한다. 그러나 과연 돈을 들이는 것만으로 모든 문제가 해결될까?

내 자식은 내가 제일 잘 안다

‘좋은 대학을 가기 위해서’라는 말에 엄마로서의 고민과 갈등이 깊어지는 건 어떻게 보면 당연한 일처럼 보인다. 1964년 12월 ‘무우즙 파동’이라는 사건이 있었다. 한 중학교 전기 입학시험에 ‘엿기름 대신 엿을 만들 수 있는 것은 무엇인가?’하는 문제가 나왔다. 정답은 ‘디아스타제’라는 녹말 분해 효소였다. 그런데 일부 엄마들이 무즙도 정답이 될 수 있다며 직접 무즙으로 엿을 만들어 와 시험에 떨어진 아이들을 입학시켰다. 무즙 사건에서 승소한 엄마들이 교육 당국에 찾아와 항의한 사건은 당시 신문 기사에도 실렸다.

대한민국 엄마는 불가능한 일도 가능하게 만드는 능력자이면서 동시에 치맛바람의 소유자로 여겨지기도 한다. 내 아이의 일이라면 나 몰라라 하지 못하는 엄마의 과도한 간섭과 개입은 낡은 신문 속의 그때부터 지금의 대학 입시 현실까지 계속되고 있다.

직접 무즙으로 엿을 만들어 와 시험에 떨어진 아이들을 입학시킨 엄마처럼 대한민국 엄마들은 자녀의 입시라면 불가능도 가능하게 만든다.

제작팀은 주말에 열리는 한 입시 설명회를 찾아갔다. 거기에 아이들보다 엄마들이 더 많았다. 처음 읽으면 낯설기 그지없는 입시 전형 서류들이지만 엄마들은 그들만의 노하우를 가지고 있었다. 처음 들을 때는 잘 들리지 않는 영어도 반복 학습을 하다 보면 나중에는 귀가 트이듯이 설명회의 내용을 녹취해서 여러 번 듣는 방법을 쓴다고 했다. 엄마들이 이렇게까지 열성적으로 설명회에 참석하는 이유는 입시준비를 학교에만 맡겨 놓을 수 없기 때문이다. 입시 설명회에 참가한 한 엄마의 말을 들어 보았다.

■ 학부모 B

"제 자식은 제가 제일 많이 알잖아요. 입시 전형에 대해서 많이 아는 엄마는 본인이 정보를 직접 찾는 경우가 많고, 아예 관심이 없는 엄마들은 학교 선생님들한테 의지하더라고요. 여기 오시는 분들은 그나마 신경을 많이 쓰는 편이고 또 아이도 공부를 웬만큼 해요. 그러니까 아이를 대학에 좀 더 잘 보내고 싶은 욕심에 여기에 오는 거죠. 전형이 너무 많으니까 자식에게 맞는 것을 찾아야 하거든요."

오늘날 입시 준비는 엄마들이 발 벗고 나서야 하는 일이 되었다. 엄마들이 나서지 않으면 흔히 말하는 '인 서울'을 할 수 없다는 것이다. 교과에 비교과까지 준비해야 하니 사교육비가 더 많이 드는 현실 앞에서 엄마들은 그만두고 싶어도 그만둘 수가 없는 것처럼 보였다.

2. 대한민국 교육특구

자책하는 엄마들

아이는 공부에 전념하고 엄마가 입시를 거든다. 하지만 아이와 엄마가 합을 맞춰 뛰어도 그것만으로는 안 되는 일이 있다. 제작팀은 경기도 소재의 한 일반 고등학교에 다니는 학생들의 엄마들을 만나 보았다.

■ **정미진(가명)** ｜ 학부모

"제가 합격, 불합격 결과를 담임 선생님한테 보여 달라고 했어

대한민국에서는 엄마들도 열심히 공부해야만 자녀가 입시에서 성공할 수 있다는 믿음을 갖고 있다.

요. 그랬더니 '논술로는 몇 명이 합격했는데 학생부종합전형으로는 한 명도 없습니다.' 이렇게 말씀하시더라고요. 부모 입장에선 우리 애가 대학에 떨어졌는데 특별히 잘못한 게 없어 보이고, 그럼 학교 탓인가 생각하게 되죠. 지원한 대학교가 아이가 다니는 고등학교를 좋아하지 않아서는 아닐까 하는 생각도 들고요."

■ 김희숙(가명) | 학부모

"담임 선생님이 말씀하시기를 '모 대학교는 저희 학교 학생을 뽑은 일이 없습니다'라고 얘기하셨어요. 그래서 저는 그 대학에 쓰지 않았어요. 떨어질 게 뻔한데 원서를 쓸 수가 없더라고요."

엄마들은 대학이 아이의 내신과 비교과 활동보다는 아이의 학교를 먼저 본다고 생각했다. 이른바 '고교 등급제'가 있어서 대학이 고등학교를 차별하고 있는 것은 아닌지 의문이 든다는 것이었다. "학교 역량이 굉장히 크다는 걸 알았으면 어떻게 해서든지 특목고 밑에 있는 학교라도 보낼 걸 그랬어요"라고 후회하는 학부모도 있었다. 일반 공립학교 선생님들도 한국 고등학교의 70%를 차지하는 일반 고등학교를 '찌꺼기'라고 생각하는 것 같다는 표현도 서슴지 않았다. 제작팀이 인터뷰했던 대다수의 학부모들은 "아이가 일반고에 다니는 것 자체가 패배감에 젖게 하고 의욕을 상실하게 만드는 것"이라고 토로했다.

현재 고교 등급제는 3불 정책으로 지정되어 법적으로 금지되어 있다. 그런데 입시 전형이 학생부종합전형으로 바뀌면서 '공개적, 합법적으로 고교 등급제를 할 수 있는 전형'이라는 이야기가 나오고 있다. 학생을 어떻게 평가할 것인지에 대해 명문화해서 내놓기는 했지만 객관적인 자료는 없기 때문이다. 그래서 부모들은 아이가 대학에 합격했으면 왜 합격했는지, 떨어졌으면 왜 떨어졌는지 알 수 없는 '깜깜한 상황'에 놓여 있다. 현실이 이렇다 보니 학생의 영향력이 미칠 수 없는 고등학교 배정조차 대학 입시와 연관된 하나의 조건이 되고 있는 셈이다.

좋은 대학을 가기 위한 경쟁은 점점 더 어린 세대로 내려오고 있고 교육열은 과열된다.

■ **정미진(가명)** ㅣ 학부모

"1순위에 밀려서 이 학교를 배정받았는데, 그 때는 이 학교에 진학하는 것이 많은 걸 버려야 된다는 걸 몰랐어요. 나중에는 미리 전학을 갔어야 되나. 그게 내가 애한테 해 줄 수 있는 거였나, 그것도 머뭇거리다가 못한 것 아닌가, 이런 생각들이 들었어요. 이것저것 못한 것들이 아이 발목을 잡게 됐구나 싶은 거죠."

■ **김희숙(가명)** ㅣ 학부모

"이제는 대학 입시가 중요한 게 아니라 고등학교 입학이 중요

해졌잖아요. 계속 더 내려오고 있어요. 그러다 보니까 자책하는
엄마들이 많아요. '내가 돈이 없어서', '내가 잘 몰라서', '내가
늦어서' 그런 거 아닐까 생각하는 거예요. 아이들이 입시에 실
패한 게 공부를 안 해서일 수도 있고 준비하는 과정에서 실수
해서일 수도 있잖아요. 재수할 수도 있는 거고요. 그런데 입시
문제는 단순히 아이들 문제가 아니라 엄마들 문제가 되고, 집안
문제가 돼요."

엄마들은 스스로를 자책하면서 아이들의 입시를 위해서 최선
을 다해 뛰고 있었다. 하지만 그 방법이 모두 옳은 것은 아니었다.

비도덕적이라 해도 내 아이만은 좋은 대학에

대학 입시 전형 중에는 '사회통합전형'이라는 게 있다. 사
회의 다양한 계층들을 대상으로 하는 입학 특혜 전형이다. 이것은
다문화 가정의 자녀, 한 부모 가정의 자녀, 북한 이탈 주민 또는 그
자녀 등 약자들을 위한 입시 제도다. 다양한 입시 전형만큼이나
엄마들의 전략과 전술도 여러 가지다. 자신의 아이를 좋은 대학에
보내기 위해 약자가 아님에도 이런 제도를 노리는 엄마들도 있다.

공통서류		
		[8] 수상입학증시를 위한 박부모
		[9] 건강보험증 사본 1부 (최근 1...
		[10] 건강보험료 납부확인서 또는 ...
사회 통합 전형	국가보훈대상자 자녀	[11] 국가유공자(국가보훈대상자...
	다문화 가정의 자녀	[11] 귀화증명서 1부 또는 외국...
	한부모 가정 자녀	[11] 혼인관계증명서 (이혼사항...
사 회 다 양 성 전 형	북한이탈주민 또는 그 자녀	[11] 북한이탈주민등록확인서 1...
	특수교육대상자	[11] 특수교육대상자 진단 · 평가...
	아동복지시설보호 아동	[11] 복지시설재원증명서 1부
	도서벽지 학생	[11] 졸업 학년의 학생 수 50명...
	소년 · 소녀 가정의 자녀	[11] 사실관계 확인서 1부 (주민...

일부 부모는 자녀가 명문대에 들어갈 수만 있다면 사회배려자전형을 악용하는 것도 불사한다.

■ 김영수(가명) | 학부모

"주위에 보면 사배자, 그러니까 의도적으로 사회배려자전형을 만들어 오는 엄마도 있어요."

입시 제도의 빈 구석을 겨냥한 엄마들의 놀라운 정보력과 편법을 학교에서 모를 리 없을 것이다. 그러나 아느냐 모르느냐는 크게 문제가 되지 않았다. 서류상으로는 아무런 문제가 없기 때문이었다. 대학에서 비도덕적이라는 이유로 원서를 거부할 권리는 없는 데다 해당 학생의 성적이 좋다면 받지 않을 이유도 없었다.

위장으로 '사회 배려자'가 된다니 놀라운 일이었다. 일부러 이혼을 한 후, 집이나 재산을 부부 중 한 사람의 명의로 돌리고 자녀를 재산이 없는 한 부모 가정 밑에 놓는 식으로 사회 배려자로 둔 갑시키는 경우도 있다고 했다. 위장 이혼을 감행하면서까지 아이를 좋은 대학에 보내고 싶은 엄마들의 마음은 어떤 것일까? 그러나 이것이 과연 엄마들 탓이기만 할까? 비도덕적인 방법을 취해서라도 내 아이만은 좋은 대학에 보내면 그만이라고 생각하게 되기까지 우리 사회는 어떤 길을 걸어 온 것인지, 생각할수록 취재 내내 입맛이 썼다.

숨은 실세, 돼지엄마

좋은 대학에 가기 위한 경쟁은 점점 어린 세대로 내려오고 있었다. 교육열이 더욱 과열되고 있다는 의미일 것이다.

우리나라에서 교육열이 높기로 유명한 곳 강남. 강남도 테헤란로를 사이에 두고 '테북'과 '테남'이라는 신조어까지 만들어 내며 둘로 나뉘어 있었다. 그 중에서도 대한민국 교육 특구라 불리는 테남의 대치동에는 사교육의 절대 권력자, '돼지엄마'가 있었다. 이들은 막강한 정보력을 바탕으로 주변의 엄마들을 돼지 새끼처럼 몰고 다니며 사교육을 주무른다는 숨은 실세다. 제작진은 돼지엄마 한 사람을 만나 학생부종합전형 확대로 달라진 대치동의 분위기에 대해 이야기를 들어 보았다.

테헤란로를 사이에 둔 테남과 테북. 사교육 1번지 강남에서는 돼지엄마를 중심으로 공부를 잘하는 아이들의 부모가 모이게 된다.

■ **김미란(가명)** | 일명 '돼지엄마'

"지금부터는 정보 싸움이죠. 앞으로가 더 무서워요. 지금까지
는 그래도 수능이라는 공정한 시스템이었잖아요. 더 좋은 수능

성적을 얻기 위해서 난리를 쳤거든요. 지금 대치동에 있는 수학 학원 중에는 3일간 수업을 하는데, 3일째에는 애들한테 토론식 수업을 시켜요. 자기가 배운 걸 스스로 이야기하도록 수업 방식을 바꾸고 있어요. 이런 게 어디에서 나왔겠어요? 이미 교육 제도의 흐름이 바뀐다는 걸 알고 있는 사람들이죠. 그들은 비밀리에 정보를 공유하고 한발 앞서 대비하고 있는 거예요."

대치동은 사교육 의존도가 높은 지역인 만큼 대입 제도의 변화에 재빠르게 대응하고 있었다. 그만큼 아이들이 일찍부터 입시 경쟁에 노출된다는 뜻이있다. 어떤 엄마들은 아이를 초등학교 4학년 때부터 잠도 재우지 않고 공부를 시킨다고 했다. 아이들은 빡빡한 스케줄을 소화하느라 노는 시간이 전혀 없었다. 엄마가 시키는 대로, 하라는 대로 해야 과학 고등학교나 영재 고등학교에 갈 수 있기 때문이다. 그러니 반작용이 없을 리 없었다. 수면 부족으로 키가 자라지 않거나 아이답게 있을 수 있는 시간마저 모두 빼앗기는 일도 많았다. 오죽하면 이런 행태를 두고 '아동 학대'라고 말하는 이들도 있겠는가.

이런 아이들의 뒤에는 엄마의 철저한 관리가 존재했다. '대치동 CSI'라고 불리기까지 하는 엄마들은 까만 옷을 입고 아이 뒤를 쫓아다녔다. 아이들이 학원에서 나온 다음 독서실로 가는지 보기

아이들은 잠을 자지도, 뛰어놀지도 않고 엄마의 과도한 관리 아래 지쳐 간다.

위해서였다. 눈에 띄면 안 되기 때문에 어두운 색깔의 옷을 입고 아이를 쫓아다니고 미행도 한다는데 이 일은 초등학교에 입학하는 순간부터 고등학교 3학년까지 이어지고 있었다.

심지어 계속 앉아서 공부만 하도록 강요한 엄마 때문에 심한 변비에 걸린 아이들도 있었다. 진짜 상위권이 되려면 공부를 좋아하는 것만으로는 부족하고 엉덩이로 버티는 시간이 필요하다는 논리였는데 이 또한 엄마들의 생각에서 나온 것이라고 했다.

엄마들이 이렇게까지 하며 아이들의 교육에 온 힘을 기울이는 이유는 무엇일까? 이유는 단 하나였다. 그렇게 해야 좋은 대학에 갈 수 있다고 믿기 때문이다. 부모가 자식에게 물려줄 수 있는 게 돈이 아니라 학력이라고 생각하는 탓이다. 학벌주의가 강한 우리 사회에서 대치동은 선망과 질타의 시선이 엇갈린 터였다. 독하게

대치동 CSI라 불리는 엄마들은 학교, 학원, 독서실로 이동하는 아이들을 뒤쫓으며 감시한다.

공부를 시키는 대치동 엄마들의 모습 또한 입시 제도가 만든 또
다른 얼굴일 것이다. 그러나 이런 일이 과연 대치동 엄마들에게만
생기는 특수한 일일까? 제작팀은 대치동만큼이나 교육열이 높다
는 목동 엄마들을 만나 보았다.

정해진 코스로 가기 위해서

또 다른 교육 특구인 목동은 선행학습의 열풍 지대였다.
목동 아파트 단지 안에 사느냐 아니냐로 선을 긋는 이곳의 아이

들은 대학에 가기 위해 최적화된 환경에서 맞춤형으로 자라고 있었다. 아이들은 2~3살이 되면서부터 영재원에 다니기 시작하고, 선행학습에 들어갔다. 제작팀은 목동의 교육 방법에 대한 이야기를 듣기 위해 목동 엄마들 몇 명을 만났다.

■ **심은정(가명)** | 목동 학부모

"이미 초등학교 1학년 때부터 고등학교는 어디, 대학교는 어디, 이런 식으로 목표를 두고 있어요. 듣는 사람에겐 막연할 수도 있지만 그걸 구체화시켜서 실천한 어머니들도 많아요."

■ **노은희(가명)** | 목동 학부모

"목동에 애들을 가르칠 만한 선생님이 없으면 대치동 유명 선생님을 찾아 가요. 그런데 거기 가면 또 수업을 따라갈 수 없으니까 주택가 오피스텔 같은 곳에서 따로 새끼 선생님을 두고 배운 걸 다시 학습해요."

목동에는 이른바 '목동 코스'가 있었다. 사교육 학원이 정해 주고 계획해 주는 길이다. 버릴 것은 버리고 준비할 것은 준비하게 한다는데 소위 '텐텐'이라는 전문 용어까지 생겼다. 방학 중 아침 10시에 가서 밤 10시에 나오는 방식을 가리키는 말이었다.

목동에서 대치동으로 아침 10시에서 밤 10시까지, 아이들은 엄마와 학원이 정해 주는 코스에 따라 끊임없이 공부한다.

공부를 위한 노력은 여기에서 끝이 아니었다. 특목고에 가기 위해서 수학은 초등학교 3학년 때부터 중학교, 고등학교 과정을 공부해야 했다. 초등학교 6학년이 되면 이미 고등학교 3학년까지의 과정을 몇 바퀴씩 반복했다. 정해진 코스를 이탈하거나 코스에서 낙오되지 않기 위해서는 엄마의 정보력이 무엇보다도 중요했다. 여기서도 빠질 수 없는 이가 돼지엄마였다. 과연 어떤 과정을 거쳐 모이게 되는 걸까? 대략적인 과정은 다음과 같았다.

돼지엄마를 중심으로 공부를 잘하는 아이들의 부모가 모이게 된다. 물론 돼지엄마의 연락을 모든 엄마들이 다 받을 수 있는 것은 아니다. 어떤 엄마는 전화를 받는가 하면 어떤 엄마는 연락을 받지 못한다. 그렇게 모인 엄마들의 자녀들은 상을 탈 수 있는 대회에 같이 나가기도 하고 학교에서도 주목받게 된다. 욕심이 있는 엄마라면 이 틈에 끼고 싶어 한다. 다른 한편으로는 이 무리에 끼었다가 잠깐 이용당하고 버려지는 걸 걱정하기도 한다.

그렇다면 돼지엄마를 중심으로 만들어지는 모임에는 누가 들어갈 수 있을까? 우선은 재력이 있는 학부모다. 재력이 있어야 선생을 섭외할 수 있기 때문이다. 한 예로 한 판에 200만 원짜리 과외를 벌인 다음 인원수대로 나눈다. "싸다, 비싸다" 이런 말을 하면 다음 판에 끼지 못하는 것은 물론 아예 제외되는 경우도 있다.

어떤 학부모는 "정보 싸움인 것 같아요. 정보로 소위 계급이 나누어지는 거죠. 고급 정보가 어디까지 갈 수 있느냐 하는 거죠. 군주까지냐, 신하까지냐, 아니면 농민까지 내려갈 수 있느냐"라며 우스갯소리를 섞어 말했다. 군주에서 농민까지, 이 세계에서는 정보가 계급을 만들고 있었다.

이 정보 싸움에는 아무나 들어갈 수 없었다. 직장을 다니는 엄마의 경우 왕따를 당하는 곳이 여기, 목동의 돼지엄마 주변이었다. 엄마들은 집에 있어야 하고 어떻게든 엄마들의 모임에 끼어야 했다. 그래야 자신의 아이도 그 모임의 친구들과 어울릴 수 있기 때문이다. 모임에 빠지는 순간 진짜 정보도 얻을 수 없게 되는 것. 이것이 그들 사이의 불문율이었다.

3.

부모의 배경과
아이들의 입시

엄마들의 대리 전쟁

제작진은 지방과 경기도 일원, 목동과 강남 대치동을 거치며 입시를 준비하거나 겪었던 엄마들을 두루두루 만났다. 각 지역에서 만난 엄마들 사이에는 입시와 관련된 정보의 격차가 분명히 존재했다. 그렇지만 아이들이 어린 나이부터 경쟁에 매달려야 하는 현실에 대해서는 한 목소리로 우려를 표했다.

전국의 학부모들은 언제부터 아이들의 대학 입시를 준비할까? 제작진은 19,229명의 학부모를 대상으로 설문조사를 실시했다.

이 질문에 대해 34.1%가 고등학교 1학년 때라고 답했고, 13.5%가 고등학교 2학년 때, 15.6%가 중학교 때, 2.8%가 초등학교 시기부터 준비하고 있다고 대답했다.

소득 수준별, 고교 유형별, 강남 3구와 그 외 지역별로 분석을 해 보니 공통된 흐름을 발견할 수 있었다. 소득 수준이 높을수록 초등학교 입학 전과 초등학교 시기, 중학교 시기에 대학교를 준비하는 비율이 높았다. 또 자사고·특목고를 목표로 하는 경우에는 일반고에 비해, 강남 3구가 그 외 지역에 비해 좀 더 일찍 대학 입시를 준비하는 것으로 나타났다.

한편 '대학 입시를 위해 특별한 준비를 하지 않는다'는 응답은 전체 29.6%였다. 이를 다시 분석해 본 결과 앞선 분석과 정반대의 경향을 보였다. 소득 수준이 낮을수록, 자사고·특목고에 다니는 학생들보다는 일반고에 다니는 학생들이, 강남 3구에 거주하지 않는 경우가 대학 입시를 위해 특별한 준비를 하지 않는다고 응답했다.

지금과 같은 학생부종합전형 시대에는 교과 성적만큼이나 동아리, 자율 활동, 봉사, 독서 등의 비교과 활동이 중요해졌다. 그만큼 많은 준비가 필요하다는 뜻이다. 내 아이의 학생부에 지적 호기심과 성장 잠재력이 잘 담기도록, 전공과 맞는 특별한 스토리를 만들기 위해 엄마들은 더 바빠질 수밖에 없는 것이다. 오늘날의

소득 수준이 높을수록, 자녀가 자사고·특목고를 목표로 할수록, 강남 3구에 거주할수록 대입 준비 시기는 빨라진다.

대학 입시는 '엄마들의 대리전쟁'을 방불케 한다. 엄마들은 도대체 어디까지 아이들이 할 일을 대신해 주고 있을까? 목동의 학부모인 박선경 씨는 이렇게 말했다.

■ **박선경(가명)** | 목동 학부모

"엄마들이 음식을 만들고 아이들이 잠깐 와서 그걸 배달을 하면 봉사 시간을 인정받을 수 있어요. 어쨌든 아이들은 배달을 했으니까요. 원래 그러면 안 되는데 현실에선 그렇게 진행되는 부분이 많아요."

봉사 활동마저 아이들이 직접 하는 게 아니라 엄마들이 나서서 하고 있는 게 우리 사회의 현실이었다. 그러나 봉사 활동에는 또 다른 현실이 숨어 있었다.

부모의 사회적 지위가 학생부에 미치는 영향

봉사 활동을 하는 장소와 내용은 부모의 사회·경제적 배경과 무관하지 않기 마련이다. 문제는 이런 현상이 학생부의 질적 차이로 이어진다는 것이다. 의사인 부모를 따라 해에 봉사 활동을 나간 학생도 있다고 했다.

"한 아이는 부모가 의사였는데 우간다였나, 이런 곳으로 부모를 따라갔대요. 부모는 거기에서 의료 봉사를 하고 아이는 그 지역 아이들한테 율동 같은 것을 가르쳐주었다고 하더라고요. 그 아이도 부모님처럼 의대를 지원할 예정이었기 때문에 그 경험은 아마도 아이에게 굉장한 플러스가 되었겠죠."

의사가 아닌 부모의 아이는 어떨까. 외국으로 봉사 활동을 보내는 게 여의치 않는 어느 학부모의 말이다.

"저희 아이는 할 게 없으면 헌혈을 하고 와요. 보통 의대에 가고 싶다는 아이들도 헌혈을 하는데 부모가 의사인 경우에는 부모의 도움을 받아 직접 병원에 가는 거예요. 병원에서 실험도 하고 수술실이나 검사실에서 봉사를 한다는 말을 들었어요. 그렇게 되면 생활기록부에 쓸 때 헌혈 몇 번했다고 하는 거랑 어느 대학 병원에서 실험을 했다고 하는 거랑은 다르게 되죠. 이런 것들이 차이가 되죠."

봉사 활동뿐만이 아니었다. 동아리와 같은 자율 활동을 하는 데에도 부모의 배경이 영향을 미쳤다. 관심 있는 분야에 대해 조사나 연구 활동을 하는 것을 지칭하는 R&E Research&Education는 이과학생들이 가장 많이 참여하는 활동이다. 이런 경우 아이의 아빠가 교수인 게 가장 좋다고 한다. 아이들만 모여서는 뇌파 측정 같은 실험을 할 수 없지만 아빠가 대학 교수라면 이야기는 달라지기 때문이다. 이과를 지원하는 아이들이 부모님이 이공계 대학 교수인 학생과 동아리 팀을 짜고 싶은 것은 당연한 일이다.

■ **정지숙(가명)** | 학부모

"저희 큰 아이 학교에서 이런 일이 있었어요. 과학실험탐구대회에서 한 팀이 장비를 못 만들어서 실험을 못했어요. 그런데도 그 팀이 대상을 받았어요. 제출한 내용이 굉장히 심도 있는 물리 논문이었거든요. 그런데 그 팀에 있던 한 아이의 아빠가 물리학과 출신 교수예요. 이게 누구 작품이겠어요?"

동아리 활동은 수상과도 이어진다. 수상은 학생부에 좋은 기록으로 남는다. 그런데 이 같은 활동 뒤에는 엄마들의 인맥이 존재하고 있었다. 엄마가 인맥을 동원해 팀을 짜 준 결과인 경우가 많았던 것이다.

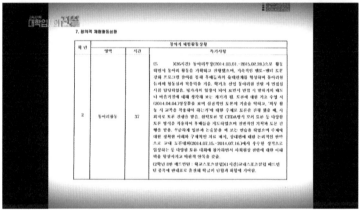

봉사 활동은 부모의 사회적 경제적 지위와 깊이 관련되어 있고 이것은 학생부의 질적 차이로 이어진다.

일반적으로 동아리 팀이 구성되는 방식은 세 가지로 구분되었다. 첫째는 엄마들끼리 알아서 팀을 구성하는 것이다. 엄마들이 모여 "프레젠테이션은 누가 강하고, 심도 깊은 것은 얘가 강하고,

이거는 쟤네 아빠가 하니까 도움을 받을 수 있을 것 같다"라고 하면 그 아이들 셋이 팀원이 된다. 둘째는 학교에서 정해 주는 것이다. 성적순으로 1, 2, 3등이 한 팀, 4, 5, 6등이 한 팀이 되는 식이다. 셋째는 순수하게 친한 아이들끼리 팀을 구성하는 것이다. 이렇게 모인 아이들이 대회에 나가서 본선에 진출하거나 장려상이라도 받아 오면 그나마 다행이다.

엄마가 나서서 팀을 짜는 경우도 맞벌이하는 집안의 아이들에게는 불가능한 일이었다. 하지만 예외는 있다. 맞벌이에도 수준이 있기 때문이다. 아빠나 엄마가 대학 교수, 의사 정도라면 동아리 팀 구성이 가능했다. 만약 엄마가 나가서 좌판을 벌이거나 생계를 유지하는데 급급한 경우라면 누구도 그 집안의 자녀를 챙겨 주지 않는다고 했다. 부모의 사회적 지위가 아이들의 학생부에도 깊숙이 영향을 미치고 있다는 증거였다.

마지막은 또 다시 컨설팅 업체로 향하는 엄마들

내신 성적부터 동아리 활동까지 있는 대로 힘을 쏟고도 엄마들은 무엇인가 부족하다고 느낀다. 그럴 때 향하는 곳이 사교육 컨설팅 업체였다. 그곳에 가서 자신이 세운 자녀의 진로 과정

목동에 즐비한 학원의 간판들. 사교육은 부모의 불안을 거침없이 파고들어 변화하고 있다.

이 제대로 된 것인지 아닌지를 확인하려고 돈을 쓴다는 것이다. 자칫하다가는 아이가 3년 동안 애쓴 것들이 물거품이 될 수도 있기 때문이다. 이 세계에 속한 누군가는 컨설팅을 받지 않는 엄마를 '용감한 엄마'라고 불렀다.

사교육 업체가 제공하는 정보란 어떤 것일까? 정보의 실체가 무엇이든 간에 그들은 복잡한 입시 앞에서 느끼는 부모의 불안 속으로 거침없이 파고들고 있었다. 컨설팅 업체에서 합격이 불가능한 친구를 합격시킨 사례, 그리고 그 학교에 대한 구체적인 정보를 제공해 주는 것은 사실이었다. 그러나 그것이 진짜인지 가짜인지 확인할 방법은 없었다. 공포를 건드리는 전략 앞에서 모두

속수무책일 뿐이었다. 한 사교육 관계자는 이런 현실을 실감나게 짚어 주었다.

■ **김진수(가명)** ┃ 사교육 관계자

"공포 마케팅이죠. 이래서는 안 된다, 좀 더 학원에 의존해라, 이런 식으로 자립심을 계속 해체해 버리는 거예요. 잘사는 집이든 못사는 집이든 상관이 없어요. 시간이 없으니까, 급박하니까, 그 공포감을 해소하려고 돈을 쏟아 붓는 거죠."

4.

성공한 엄마,
실패한 엄마

공부 잘하는 약

엄마들이 달리고 있는 동안 아이들은 어떻게 생각하고 있을까? 전국 15,000여 명의 고등학생들에게 '나에게 대학 입시란 무엇인가?'에 대해 질문했다. 아이들이 생각한 키워드에는 지역차와 학교 유형차가 고스란히 드러나 있었다. 강남 3구에 있는 학교와 자사고·특목고를 다니는 경우 대학 입시에 대해 더 부정적이었다. 공부를 잘하는 아이들에게도 입시는 버겁고 힘든 것이었다.

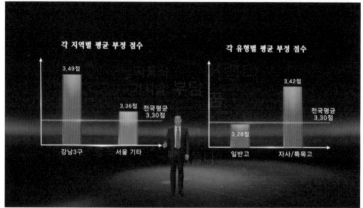

강남3구에 살고, 자사고·특목고에 다니는 학생들의 입시 불안도가 더 심하게 나타난다.

대학 입시가 날로 치열해지고 있는 상황에서 자녀를 대학에 보내야 하는 엄마들 또한 불안하기는 마찬가지다. 전국의 14,900여 명의 엄마들을 대상으로 자녀의 대학 입시에 대한 불안도를 조사했다. 1점부터 10점까지 불안도가 높을수록 높은 점수를 주도록 했다. 엄마들의 불안도는 전체적으로 높게 나타났다.

이 중에서 10점으로 가장 높은 불안도를 보였던 엄마들만 모아서 따로 분석했다. 특이한 점은 자녀가 자사고·특목고에 다니는 엄마, 컨설팅 경험이 있는 엄마, 대입 준비를 일찍 시킨 엄마, 그리고 대도시와 강남 3구에 사는 엄마의 불안도가 더 높게 나타났다는 사실이다. 엄마의 불안은 아이들 곁에도 무겁게 머물고 있었다.

그동안 ADHD 치료약에 대한 기사를 꾸준히 써 오던 김승한 기자는 어느 날 한 가지 이상한 점을 발견했다. 기사를 쓰는 몇 년 동안, ADHD 치료약의 판매량을 들여다보다가 흥미로운 흐름을 찾았다는 것이다. 김승한 기자가 발견한 사실은 수능 직전까지 ADHD 치료약 판매량이 급속도로 증가한다는 사실이었다. 그러나 신기하게도 급속도로 올라가던 판매량이 수능이 끝나는 순간 바로 내려갔다. 그리고 다시 3월이 되면 증가하는 양상을 보였다. 특정한 한 해만 그런 게 아니었다. 매해 똑같이 판매 흐름의 그래프가 그려졌고 판매량도 점점 증가했다.

ADHD는 주의가 산만하고 활동량이 많으며, 충동성과 학습 장애를 보이는 정신적 증후군이다. 이를 위한 ADHD 치료제는 향정신성 의약품으로 그 성분에 중독성이 있기 때문에 전문가의 처

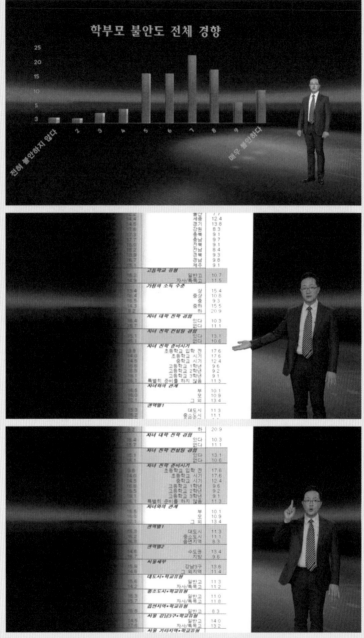

자녀가 자사고·특목고에 다니는 엄마, 컨설팅 경험이 있는 엄마, 대입 준비를 일찍 시킨 엄마 그리고 대도시와 강남 3구에 사는 엄마의 불안도가 더 높게 나타났다.

방이 필요하다. 또한 다른 약을 같이 복용할 경우 부작용이 발생할 수 있다. 이 치료제는 강남 지역을 중심으로 속칭 '공부 잘하는 약'으로 알려지면서 문제가 되고 있었다. 전문가의 처방 없이 학생들이 시험을 잘 보기 위해서나 공부할 때 집중력을 올린다는 명목으로 약을 먹고 있기 때문이다. ADHD 약은 집중력을 높여준다는 입소문을 타고 빠르게 확산되고 있었다. 이와 관련해 박건우 연구원의 말을 들어 보았다.

■ **박건우** | 서울대 보건대학원 연구원

"외국에서, 특히 미국 같은 경우는 대학생들이 각성제를 주로 먹거든요. 대학생들이 각성제를 먹는 현상에 대해서는 이미 검증이 되었어요. 그런데 국내에서는 대학생들이 아니라 중·고등학생들이 먹고 있어요. 그래서 한국의 특수한 사회적 상황들을 적용해 보면 좋겠다 싶어 ADHD 약에 관심을 가지게 되었습니다. 기존의 인식으로는 저소득층에서 ADHD 약을 복용하는 환자가 더 많다고 알려져 있죠. 그런데 제가 분석해 본 바로는 유병률이나 처방 건수가 보험료 분위수가 높을수록 증가하는 추이가 높게 나타났습니다."

중고생이 ADHD 치료약을 많이 먹게 되는 한국의 특수한 사회

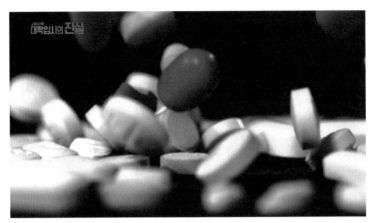

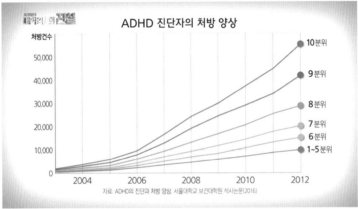

ADHD 진단자의 처방 양상

속칭 '공부 잘하는 약'으로 알려지면서 ADHD 처방약은 소득이 높을수록 처방 건수가 증가하는 것으로 나타났다.

적 상황은 다름 아닌 입시와 관련이 있었다. 박건우 연구원은 건강보험공단과 건강보험심사평가원에서 제공하는 10년간의 방대한 자료 분석을 통해 또 다른 사실을 발견했다. 소득 분위가 높을

수록, 즉 소득 금액이 많을수록 ADHD 치료약을 처방받는 건수가 높아지는 것을 확인했던 것이다.

제작팀은 국회 김민기 의원실을 통해 자료를 받아 〈2015년 ADHD 치료약의 전국 지역별 처방 건수〉를 분석해 보았다. 전국적으로 보면 서울에서 발생된 처방 건수가 175,000건으로 가장 많았다. 처방 건수가 가장 적은 제주의 5,000건에 비해 무려 35배의 차이를 보였다. 다음으로 경기가 146,000건으로 많았고 부산이 74,000건, 강원이 8,000건을 기록했다.

서울에서는 송파구가 23,167건으로 가장 많은 처방을 받았는데 금천구가 76건 처방을 받은 것에 비해 무려 305배나 많았다. 다음으로 강남구가 19,753건, 노원구가 18,892건으로 많은 처방을 받은 것으로 나타났다. 전국이나 서울의 ADHD 치료약 처방 내역을 살펴보았을 때 지역별로 격차가 큰 것을 알 수 있다.

선행 연구들을 살펴보면 인종이나 문화, 학력 수준에 따라서 아이의 ADHD를 인지하는 데는 차이가 있다고 알려져 있다. 하지만 그것이 무려 100배 이상 큰 차이가 난다면 그 이유는 어떻게 설명할 수 있을까. 심지어 강남에서는 공식적인 통계에도 잡히지 않는 ADHD 치료약이 음성적으로 거래되고 있었다. 한국에 들어온 유학생들이 판매하는 것이다. 제작팀은 한 유학생 제보자의 이야기를 들어볼 수 있었다.

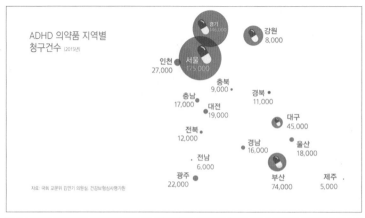

전국적으로 보면 ADHD 처방 건수가 서울, 그 중에서도 송파구에서 가장 많았다.

■ 유학생 A씨

"유학생들이 한국으로 들어와서 SAT학원 위주로 TA Teaching

Assistance 라고 부르는 학원 조교 일을 많이 해요. 약은 대부분이 강남에서 유통되고요. 그런데 실은 이 친구들이 처방전을 받아서 약을 가져오는 게 아니라 그냥 주변 친구들에게 몰래 건네받는 거예요. 한 정당 6~12달러 정도 하거든요. 그걸 한국으로 들여오면 적게는 2만 원, 많게는 4만 원까지 약 가격이 뛴대요. 보통 8~9월, 10월 가까이 됐을 때 수능 보는 애들한테 많이 팔아요."

ADHD 치료약을 실제 환자가 아닌 사람이 복용할 경우 식욕 감퇴와 무기력증, 그리고 중독성 같은 부작용이 발생할 수 있다고 전문가들은 경고한다. 하지만 일부 학생들과 학부모들은 오로지 입시를 위해 그 위험을 감수하고 있었다.

'과떨'인 아이, '과떨'의 엄마

서울 강남의 한 병원 정신의학과에는 시험이나 모의고사, 그리고 수능이 끝나면 유독 병동이 붐빈다. 요즘 학부모들이 하는 말 중에 '과떨'이라는 말이 있는데 바로 이 과떨 때문이다. 과떨은 과학 고등학교에 떨어진 아이들을 부르는 말이다.

중3인 은서가 이곳을 찾아온 것도 과학고 입학 시험을 마친 무

오로지 과학고만을 바라보던 아이와 부모가 과학고에 떨어지면 인생의 목표를 잃게 된다고 한다.

렵이었다. 공부도 잘하고 성격도 밝았던 은서였지만 과학고에 떨어진 이후, 일명 과떨이 된 후 이유 없이 배가 아프고 좋아했던 일도 모두 싫어졌다.

은서를 만나 본 정신건강의학과 전문의 김은주 교수는 제작팀에게 여러 가지 이야기를 들려주었다. 김 교수에 따르면 과학고에 떨어진 아이들은 인생의 목표도 모르고 어린 시절에 누려야 할 것도 누리지 못한 채 잠도 못 자면서 열심히 앞만 향해 달려가기만 한다. 그러다 아이가 시험에 떨어지고 나면 얼마나 힘들었는지 헤아려 주는 사람이 아무도 없다는 것이다. "너 많이 힘들었지?"라는 말 한 마디에 울음을 터뜨리는 아이들도 있다고 했다. 은서는 제작진에게 더 슬픈 이야기를 들려주었다.

"5학년 때부터 사는 게 사는 게 아니었어요. 과고만 바라보고 공부했는데 시험에 떨어지고 나니까 죽고 싶은 마음만 들었어요. 같이 공부하던 친구들은 다 붙었는데 나만 떨어지니까 밖에도 나가기 싫고……그런데 엄마도 주변과 연락을 끊더라고요. 아, 엄마가 나를 되게 수치스럽게 생각하는구나, 엄마도 나를 부끄러워하는구나, 이런 마음이 들어서 더 힘들었어요."

은서 엄마도 은서 못지않게 힘든 시간을 보냈다. 바깥에 나갈 용기도 없고, 그동안 고생한 것이 모두 의미가 없다는 생각이 들어서였다. 상처가 컸던 엄마도 은서의 마음을 보듬어 줄 여유가 없었다. 시간이 갈수록 은서와 엄마의 사이는 얼음벽이라도 생긴 듯 차가워졌다.

은서가 중학교 3학년을 보내는 동안 은서 엄마는 아이 얼굴을 별로 본 적이 없다고 했다. 매일 학원에 데려다주고, 간식을 넣어주고, 공부를 안 하면 잔소리를 하는 것이 전부였다. 둘 사이의 상호 작용은 그것이 다인 듯했다. 은서와 진솔하게 이야기를 나누고 감정을 나눌 수 있는 시간을 갖지 못했던 것이다. 학원에 아이를 뺏긴 은서의 엄마는 은서와 대화하는 방법을 언젠가부터 잊어버린 게 아닐까.

■ **김은주** | 정신건강의학과 전문의

"어머님이 은서 마음을 알아 주시고 한 번만 물어봐 주셨어도 애가 참 많은 위로를 받았을 텐데, 이렇게 간단한 것조차 안 되는 게 참 서글프더라고요. 어머님도 제 앞에서 되게 많이 우셨어요. 아이를 뒷바라지하기 위해 잠도 못 자고 많은 희생을 했으니까요. 그런데 아이가 과학고에 떨어졌잖아요. 어머님이 하시는 얘기가 남편에게 비난받는 기분이 든대요. 아이 관리를 못했다고요."

이것이 비단 은서와 은서 엄마만의 이야기일까? 아이를 오직 좋은 고등학교, 좋은 대학교에 보내는 데에만 동분서주 해 온 부모들의 모습이 아닐까?

몬스터 부모

아이를 소위 특목고나 명문대에 보낸다고 해도 엄마들의 불안은 가라앉지 않는다. 이런 부모들은 아이의 학업 성적이 뛰어난 데도 불구하고 일거수일투족을 확인하려 든다. 아이가 자신의 눈에서 벗어나거나 조금이라도 기대에 어긋난 행동을 하면 아이를 환자로 몰고 가기도 한다. 아이에게 정신과 상담을 받게 하고, 아이가 정상이라는 의사의 말도 믿지 않는다. 문제는 이런 엄마들이 점점 늘어나는 추세를 보이고 있다는 점이다.

엄마의 마음은 컬링 선수의 마음과 닮았다. 컬링 선수들은 컬링 스톤이 나아가야 할 길을 열심히 비질하며 얼음 위를 닦는다. 그것처럼 엄마도 아이의 앞길을 먼지 하나 없이 치워 놓으려 한다.

한때 일본은 '몬스터 부모'의 등장으로 충격에 휩싸였다. 학부모가 학교에 가서 '성적표 점수를 올려라!', '무릎 꿇어!', '운동회를 다시 하라!'는 등의 주장을 하는가 하면 교사에게 칼을 들이댄 보호자까지 있었다. 내 아이가 최고라는 극단적 이기주의에 빠져 교사를 협박하고 무례하게 구는 부모, 지나치게 아이를 과보호하는 부모, 아이가 할 일을 대신해 주는 부모는 모두 '몬스터'였다. 이것이 비단 일본만의 이야기일까. 지금 우리의 현실도 일본과 크게 다르지 않아 보였다.

■ **하지현** | 건국대병원 정신건강의학과 교수

"몬스터 페어런트Monster Parent가 몬스터 차일드Monster child를 만듭니다. 모든 부분이 미리 결정되어 있고, 그 과정에서 좌절한 번 경험해 보지 않은 아이는 자기중심적이 될 수밖에 없어요. 자기를 통해 세상을 바라보게 되죠. 그래서 좌절을 겪으면

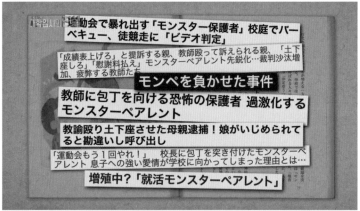

일본에서도 심각한 몬스터 부모와 몬스터 아이들은 사회적으로도 큰 충격을 안겼다.

자신의 잘못을 돌아보기보다 부모 탓을 합니다. 나아가 사회를 탓하죠. 이들은 인지적 부분은 과잉으로 발달했지만 실제 문제 해결 능력은 제로입니다. 점점 더 이런 자기중심적인 사람들이 많아지는 사회가 될 가능성이 있습니다."

실패한 엄마는 말이 없다 ▮

▮　　엄마가 아이 대신 달리는 길은 아이의 길이 아닌 데다 위태롭기까지 하다. 하지만 더 답답한 것은 그 길 위에서 누구 하나 그 과정이 정당한가를 되묻지 못하도록 만드는 현실이다. 왜 우리는 이렇게까지 되었을까. 김은주 교수의 이야기를 좀 더 들어 보았다.

> ▪ **김은주** | 정신건강의학과 전문의
>
> "제가 저희 병원에 온 애들한테 물어 봐요. 너 왜 이렇게 공부하니, 이렇게 힘든데. 그러면 애들이 눈물을 찔끔하면서 대답해요. '엄마가 나 때문에 고생하니까' 아니면 '엄마가 좋으니까' 그래요. 솔직히 이런 게 현실이기는 해요. 굉장히 많은 아이들이 그렇게 생각하고요."

　　엄마의 능력과 힘으로 아이의 승패가 갈리는 현실이라고 말할 수는 있을 것이다. 그러나 그렇게 엄마가 보인 능력과 힘의 결과로 좋은 대학에 간들 그 아이는 무엇을 제대로 할 수 있을까. "나는 뭘 할 거야, 어떤 사람이 될 거야, 뭐가 좋아"라고 주체적으로 자신의 생각을 표현할 수 있을지 의문이 든다. 어렸을 때부터 엄마가 짜 준 계획대로 로봇처럼 살아 온 아이들은 스스로 판단할 수 있는 능력이 별로 없다.

그렇다면 그 불편하고 씁쓸한 과정을 거쳐 좋은 대학에 아이를 보낸 엄마는 마음이 편할까? 자신의 할 일을 다 했다고 남은 시간을 즐겁게 살아갈 수 있을까? 가시밭길과 같은 입시 전쟁을 끝낸 후 비로소 찾아온 인생의 꽃길이라고 생각하며 위로받을 수 있을까?

■ **노은실(가명)** | 학부모

"아이를 엄청 좋은 대학에 보내도 전업주부는 되게 허탈해요. 보내고 나면 '나는 뭔가?' 그런 생각이 들어요. 내가 해야 될 걸 찾아야 되는데 그걸 못 찾는 거예요. 내가 뭘 할 수 있을까? 그런 생각을 하죠."

■ **최수경(가명)** | 학부모

"전업주부가 되다 보면 아이랑 엄마가 동일시 돼버려요. 아이 업적이나 성적이 엄마의 성적표가 돼버리는 거죠. 너무 밀착돼

한 가지 소원은 꼭 들어준다는 팔공산 갓바위에서 부모들은 자녀의 명문대 합격을 위해 불공을 드리고 있다.

있다 보니까 아이와 분리가 안 돼요. 그러니까 그냥 한 덩어리가 된 거죠. 한 덩어리가 돼서 움직이다가 아이가 삐끗하면 엄마들이 감정적인 소용돌이 같을 걸 겪게 되고요. 그건 저도 마찬가지예요."

'실패한 엄마는 조용하다.' 입시계의 유명한 격언이다. 무엇이 엄마를 성공과 실패로 가를까? 왜 엄마는 성공한 엄마와 실패한 엄마라는 이름을 가져야 할까? 아이의 입시로 엄마의 성공을 재는 현실은 과연 엄마가 원했던 것일까?

대학 입시는 '지옥 벗어나기 프로젝트'라고 표현할 수 있다.
사람들이 말하는 좋은 대학에 들어가지 못할 경우
지옥과 같은 나락에 빠질지도 모른다. 이 지옥을 벗어나는 문은 좁다.
그렇기에 숨 돌릴 틈도 없다. 지치지 않고 달리기 위해서
부모의 경제력과 정보력은 필수이다.
이것이 없으면 레이스의 출발선에 설 수도 없다.
지역·빈부·부모의 직업에 따라 결정되는 것.
대학 입시는 불평등의 또 다른 이름이 되고 있다.

4장

교육
불평등
연대기

서울대 사회과학대 신입생 출신 지

EBS 다큐프라임
대학입시의 진실

1. 대학 입시 제도의 과거와 현재

불평등의 또 다른 이름, 대학 입시

대한민국에서 살아가는 우리에게 대학 입시는 어떤 의미를 가질까? 비유하자면 대학 입시는 어디로 튈지 모르는 럭비공과 같은 게 아닐까. 언제 어떻게 튈지 모르는 것을 '내 것'으로 하려고 치열한 경쟁을 벌이는 경기장이 바로 대학 입시다.

대학 입시는 대학 간판을 획득하기 위한 경쟁이며, 계층 상승의 사다리를 타고 올라가는 경쟁이기도 하다. 그런가 하면 대학 입시를 '지옥 벗어나기 프로젝트'라고 표현할 수도 있다. 손으로 꼽을 수 있는 서열 내의 대학에 들어가지 못하면 지옥과 같은 나락으로 떨어지기 때문이다. 그 외에도 대학 입시를 나타내는 말들은 많다. '지위 상승 게임', '전쟁터', '라벨을 붙이는 일'…….

그러나 어떤 말을 붙이든 이 말들 속에는 대학 입시가 아주 좁은 문이라는 의미가 전제되어 있다. 너무 좁아서 모두가 다 그 안으로 들어갈 수 없는 문. 그렇기에 우리는 숨이 막힐 정도로 달려야만 한다.

이 레이스에서 지치지 않고 달리기 위해서 경제력은 필수다. 경제력이 없으면 레이스를 시작할 수조차 없다. 또한 대학에 가는 이유도 예전과는 달라졌다. 대학을 나오지 않으면 '사람대접' 받지 못하는 세상이라는 인식이 팽배해진 탓도 있다. 박대권 교수의 말이다.

■ **박대권** | 명지대 청소년지도학과 교수

"예전에는 소위 양반이 되려고 대학에 갔다면 지금은 아니에요. 양반이 되려고 가는 게 아니고 그냥 사람대접을 받으려고 가는 거예요."

예전과는 확연히 달라진 대학 입시, 더 나은 삶을 향해 누구나 오를 수 있는 사다리가 아니라 이제는 불평등의 또 다른 이름이

'입시 지옥 벗어나기 프로젝트', '지위 상승 게임', '전쟁터'라고 불리는 이 좁은 입시문을 통과하기 위해 학생들은 숨이 막힐 정도로 달린다.

되어 버렸다. 제작팀은 대학 입시의 불평등에 대해 알아보기 위해 강원도 춘천시 서면으로 갔다. 지금과는 다른 희망을 가질 수 있었던 시절, 교육으로 꿈을 이룰 수 있었던 시대의 산 증인을 만나기 위해서였다.

춘천 서면의 박사 마을

춘천 서면의 아침은 일찍 시작된다. 황환홍 할아버지는 평생 고추 농사를 지어 왔다. 한창 일을 할 때는 허리 한번 펼 짬

이 없었고, 밤이 오는지도 모른 채 쉴 새 없이 일만 하던 때도 있었다. 노동량도 엄청났다. 고추를 따서 팔았고, 벼농사를 지어서 팔았고, 소를 길러서 몸무게가 700kg쯤 되면 그것도 팔았다. 아내인 조묘희 할머니도 마찬가지였다. 지금도 새벽이면 밭에서 딴 고추며 푸성귀를 팔기 위해 시골 장을 찾아 간다.

가난했지만 부지런했던 노부부는 오남매 중 둘을 박사로 키워냈다. 춘천 서면 139호 황성희 박사, 143호 황운중 박사가 이들의 자녀들이다. 교육에 열성을 보였던 이유는 단순했다. 당신들이 못 배웠기에 자식들만큼은 가르쳐야겠다고 생각했다. 배운 만큼 더 나은 삶을 살 것이라고 믿었기 때문이다. 끼니는 굶을망정 자식 교육만큼은 포기하지 않았다.

가난한 집안의 박사 자녀가 이 노부부에만 해당하는 특별한 이야기는 아니다. 춘천 서면에는 빈곤한 살림에도 산나물을 뜯어다 팔며 자녀들의 학자금을 댄 어머니들이 많았다. "서면에선 광주리에서 박사 난다"라는 말이 널리 퍼질 정도로 교육열이 남달랐다. 춘천 시내로 나가려면 배를 두 번이나 갈아타야 했던 오지에서 부모들의 열망은 오직 한 가지였다. 자식들이 가난에서 벗어나는 것이었다. 그러기 위해서는 자식들을 가르쳐야 했다. 이들에게 유일한 희망은 '교육'이었던 것이다.

박사 학위 취득자가 나오는 날은 마을의 잔칫날이었다. 화환

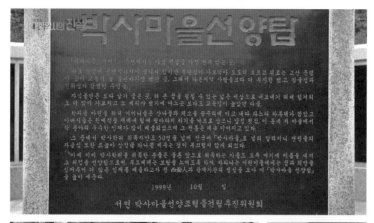

춘천 서면은 부모의 헌신적인 노력으로 전국 제일의 '박사 마을'이 되었다.

을 만들어 축하하는 것은 물론 감사패 증정까지 이어졌다. 동네
아이들은 박사들을 보며 넓은 세상에 나가 꿈을 펼치고 성공할
수 있다는 믿음을 얻었다.

부모의 헌신적인 교육열은 서면을 전국 제일의 '박사 마을'로 만들었다. 2017년까지 164명의 박사, 네 집 건너 한 집에서 박사가 나왔다. 1963년에 1호 박사가 나왔고 그 후에도 교육자, 부문별 박사들, 5급 이상의 공직자들이 많이 배출되었다. 서면 박사마을에서 배출된 이들의 이야기를 들어 보았다.

■ **최인화** ｜ 춘천 서면 박사 마을 1호 박사

"여러분도 본인 스스로 노력만 한다면 장차 누구든지 박사가 될 수 있다고 생각합니다."

■ **전수경** ｜ 강원대 산림환경과학대학 교수. 춘천 서면 박사 마을 26호 박사

"당시의 박사 학위는 지위 상승의 면허증과 같았습니다. 박사 학위를 따면 바로 교수가 되든가 아니면 연구직으로 들어가서 연구원으로 근무를 할 수 있었기 때문입니다. 지금과 달리 바로 지위가 상승될 수 있는 길이었지요."

국내 유수의 대학에 입학하고, 세계 각지로 나가서 받아 온 박사 학위는 부모들의 자랑이자 헌신의 대가였다. 부모 세대의 열망과 자식 세대의 노력은 박사 마을에서 수많은 용들을 배출했다. 교육만이 유일한 희망이던 시절, 그 희망에 대한 결과라고도

할 수 있을 터였다. 황환홍 할아버지와 조묘희 할머니는 이렇게
말했다.

■ **황환홍, 조묘희** | 춘천 서면 박사 마을 박사 부모

"우리 애들이 열심히 공부했고 부모 말도 잘 들었으니까 개천
에서 용이 난 거지. 그래도 이런 시골에서 박사 학위 받고 그러
기가 그렇게 쉬운가요?"

개천에서 용이 날 수 없는 시대

한때 우리나라는 춘천의 박사 마을 같은 곳이 전국 각지
에 있었다. 가난하고 든든한 배경이 없을 지라도 열심히 공부하고
노력하면 좋은 대학에 갈 수 있고 성공의 기회를 잡을 수 있다는
믿음이 있었다. 그렇지만 지금은 노력이 배신당하는 시대가 되어
버렸다. '흙수저'로 태어났는지 '금수저'로 태어났는지에 따라 경
험하는 현실이 달라진다. 이런 상황에서도 대학 입시는 여전히 희
망과 기회의 사다리라고 말할 수 있을까?

대학 입시 제도는 시대에 따라 변천을 거듭해 왔다. 해방 이후,
1945~1968년까지는 대학별 단독 시험이 치러졌다. 대학 정원이

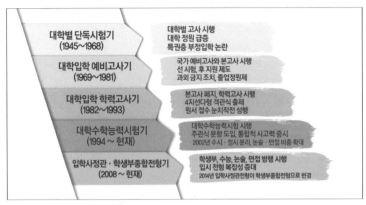

대학별 단독시험기
(1945~1968)
　　　대학별 고사 시행
　　　대학 정원 급증
　　　특권층 부정입학 논란

대학입학 예비고사기
(1969~1981)
　　　국가 예비고사와 본고사 시행
　　　선 시험, 후 지원 제도
　　　과외 금지 조치, 졸업정원제

대학입학 학력고사기
(1982~1993)
　　　본고사 폐지, 학력고사 출제
　　　4지선다형 객관식 출제
　　　원서 접수 눈치작전 성행

대학수학능력시험기
(1994 ~ 현재)
　　　대학수학능력시험 시행
　　　주관식 문항 도입, 통합적 사고력 중시
　　　2002년 수시 · 정시 분리, 논술 · 면접 비중 확대

입학사정관 · 학생부종합전형기
(2008 ~ 현재)
　　　학생부, 수능, 논술, 면접 병행 시행
　　　입시 전형 복잡성 증대
　　　2014년 입학사정관전형이 학생부종합전형으로 변경

대학 입시 제도는 시대에 따라 변천을 거듭해 왔으며 입시 전형의 복잡성은 차츰 증대돼 왔다.

급증하고 특권층의 부정 입학 논란이 일어난 데다 과도한 사교육
이 문제가 되자 1969년 예비고사를 도입하게 되었다. 1969~1981
년에는 대학 입학을 위한 예비고사가 진행되었다. 예비고사는 국
가 예비고사와 본고사로 시행되었고 선 시험, 후 지원 형태였다.
이때 과외 금지 조치, 졸업정원제 같은 내용도 함께 적용되었다.
1982년에는 입시 제도가 대대적으로 개편되어 1982~1993년까지
학력고사가 시행되었다. 학력고사 시대에는 본고사는 폐지되고
학력고사만 실시했다. 문제는 4지선다형 객관식으로 출제되었고
원서 접수 시 눈치작전이 성행했다. 1994년에서야 주관식 문항
이 도입되고 통합적인 사고력을 중시하는 지금의 수능시험으로
바뀌었다. 수능시험도 2002년부터는 수시와 정시로 분리되었고,

논술과 면접의 비중이 확대되었다. 또 2008년부터는 입학사정관을 새롭게 도입하는 등 다양한 입시 전형으로 학생들을 선발하고 있다. 여기에는 학생부, 수능, 논술, 면접이 병행되는데 이로 인해 입시 전형의 복잡성이 증대했다. 2014년부터는 입학사정관 전형이 학생부종합전형으로 변경되었다.

　이런 입시 제도의 변천사들은 우리 사회에 어떤 변화를 불러왔을까? 강창동 교수는 이렇게 말했다.

　■ **강창동** | 한경대 교양학부 교수

"해방 이후부터 1970년대까지는 확실히 개천에서 용이 많이 났습니다. 입시 체제가 굉장히 단순했기 때문이에요. 부모의 도움 없이 가난한 사람도 혼자 공부할 수 있었다는 뜻이죠. 자기 노력에 따라서 얼마든지 좋은 대학에 갈 수 있었고, 좋은 직업을 얻을 수 있었습니다. 그런데 지금은 그게 어려운 시대예요."

　더 이상 개천에서 용이 날 수 없는 이유는 무엇일까? 단순히 입시 제도가 변했기 때문일까? 그렇지는 않았다. 복잡하게 변한 입시 제도 뒤에는 몇 가지 불편한 진실들이 숨어 있었다.

2.

통계 이면의
불편한 진실

50대 50의 진실

대한민국에서 대학 입시를 앞둔 학생과 학부모라면 명문대 입학을 동경하는 이들이 많을 것이다. 손에 꼽히는 명문대 중에서도 국내 최고의 대학이자 엘리트 코스의 정점은 서울대학교다. 서울대학교에는 과연 누가 들어갈까?

2018년 현재 서울대학교 입학 정원은 약 3,200명이다. 전국 고3 수험생 수로 나누면 평균 200명 중 1명이 서울대학교에 들어갈 수 있다. 하지만 현실은 달랐다. 전국 고등학교 중 2/3는 서울대학교에 학생을 단 한 명도 보내지 못했다. 그런가 하면 4명 중 1명을 서울대학교에 보내는 학교도 있었다. 서울대학교에 1명 이상의 학생을 보낸 총 747개 학교 중에서 5명 이상을 보낸 학교가 163개, 50명 이상을 보낸 학교는 겨우 8개였다.

1999년부터 50명 이상의 학생을 서울대학교에 보낸 학교들의 명부를 살펴보면 거의 자사고와 특목고의 독점이 두드러진다. 학생부종합전형이 처음 시행된 2014년에도 일반고는 없었다. 자사고와 특목고가 마치 서울대학교로 직진하는 진학코스처럼 된 양상이다. 과연 무엇이 자사고와 특목고를 '서울대 특수'로 만들었을까? 이와 관련해 몇몇 사람의 이야기를 들어 보았다.

■ **김민희 (가명)** | 과외 선생

"아이를 카이스트나 서울대학교에 보내고 싶으면 과고를 생각해야 하는데. 과고에 가려면 특목중부터 준비시켜야 하죠. 초등학교 4학년 때부터 목적에 맞는 교육을 시키셔야 하고요."

■ **문서준 (가명)** | 광주과학기술원 재학생

"일반고는 죽어라 야자만 시켜요. 근데 그 야자 시간에도 애들이 매점 가서 라면 먹고 야식 먹고 그래요. 수업도 앉아서 듣는 둥 마는 둥 하는 게 일이고, 그냥 공장 같다는 생각도 들어요.

그런데 과고는 활동이 엄청 많잖아요. 자기가 하고 싶은 것을
실현해 볼 수 있고요."

■ **한유정(가명)** | 대학생

"특목고 다니는 애들을 보면 부모님이 교수는 당연하시고 변호
사, 외교부 장관 손녀고 그래요. TV로 봤던 그런 곳에 사는 애
들이 많더라고요. 지하철 탈 줄 모르는 친구도 봤어요."

초등학교 때부터 준비해서 가는 곳, 활동이 많고 하고 싶은 일
을 실현할 수 있는 곳, 사교육비를 포함해 높은 교육비를 감당할
수 있는 경제력 있는 가정의 아이들이 있는 곳. 그것이 자사고·특
목고의 특징이었다.

전국 고등학교 중에서 68%가 서울대학교에 단 1명의 학생도
입학시키지 못했다. 1명의 학생이라도 입학시킨 일반 고등학교는
32%였다. 반면 자사고·특목고는 전체 고등학교 수의 3%에 불과
하지만 그 3%가 서울대학교 입학생의 절반을 배출하고 있었다.

서울대학교는 일반고 대 자사고와 특목고 학생들의 입학 비율
이 50대 50이라고 발표했다. 50대 50이라는 비율은 대학 입시 전
쟁에서 절대적이라는 자사고·특목고의 프리미엄을 무색하게 할
정도로 균형 잡힌 것으로 보인다. 그러나 50대 50은 겉으로 보이

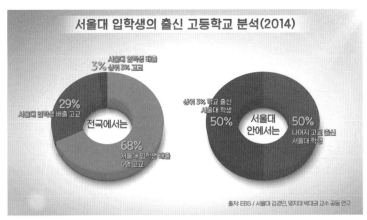

서울대 입학생의 출신 고등학교 분석(2014)

전국에서는
3% 서울대 입학생 배출 상위 3% 고교
29% 서울대 입학생 배출 고교
68% 서울대 입학생 배출 0명 고교

서울대 안에서는
50% 상위 3% 학교 출신 서울대 학생
50% 나머지 고교 출신 서울대 학생

출처: EBS / 서울대 김경민, 명지대 박대권 교수 공동 연구

서울대 배출 상위권 학교가 3퍼센트에 불과한 가운데 이 3퍼센트가 서울대 입학생의 절반을 배출하고 있다. 서울대가 말하는 일반고 대 자사고와 특목고 50 대 50의 실체다.

는 숫자에 불과했다. 이 통계 뒤에는 감춰진 진실이 있었다.

서울대학교 입학생의 출신 고등학교 유형을 보면 일반고가 49%, 자사고와 특목고가 48%로 반반의 비율을 차지했다. 하지만 속사정은 달랐다. 일반고 출신 응시생은 거의 40만 명에 달했는데 이것은 전체 응시생 비율의 90%를 차지하는 수였다. 자사고와 특목고의 응시생 수는 4만여 명으로 전체 응시생의 10%에 불과했다.

진실은 일반고 응시생 중에는 겨우 0.4%만이 서울대학교에 입학했지만 자사고와 특목고 출신은 3.6%가 서울대학교에 진학하고 있었다. 일반고에 비해 무려 9배나 많은 수였다. 이 현상에 대

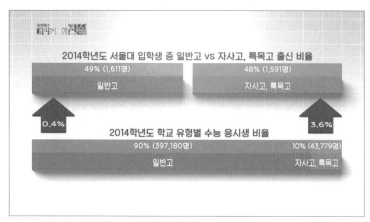

일반고보다 자사고 특목고에서 무려 9배나 많이 서울대에 진학하고 있다.

해 이현 교육전문가는 다음과 같이 말했다.

■ **이현** | 교육전문가

"이것이 진실입니다. 결국 적은 수의 특목고, 자사고 출신들이 서울대의 절반을 차지하고, 그보다 훨씬 많은 일반고가 나머지 절반을 차지하고 있어요. 이런 사실을 숨긴 채 그냥 '절반 대 절반이니까 일반고도 꽤 왔네'라고 말하는 건 눈 가리고 아웅 하는 것과 마찬가지죠."

50대 50이라는 숫자가 실제로 의미하는 질적인 차이를 무시한 채 양적인 공평함만 본다면 진실을 보지 못하는 것일 터였다. 그러나 통계 이면에 숨어 있는 불편한 진실은 여기서 끝이 아니었다.

압도적인 서울의 독주

2017학년도 서울대학교 합격자의 출신 고교별 현황을 보면, 상위 10개가 전부 자사고와 특목고로 되어 있다. 상위 30개 고등학교를 살펴보아도 크게 다른 점은 없었다. 특목고가 15개로 528명, 자사고가 10개로 373명, 일반고가 6개로 124명을 서울대학교에 보냈다. 자사고와 특목고의 비율이 무려 80.6%에 이르렀다.

자사고와 특목고의 독주 속에서 눈에 띄는 일반고들의 정체가 궁금해졌다. 정말로 평범한 일반고일까? 자사고나 특목고 못지않은 특수한 일반고일까? 일반고 6개 학교 중 3개 학교는 강남 3구에 소재한 고등학교였다. 이 학교들은 일반고 출신의 서울대학교 입학생 124명 중 63명을 배출했다. 나머지 3개의 일반고에서 61명의 서울대학교 입학생이 나왔는데 각각 서울 목동, 경기 수지, 지방 소재로 확인되었다. '강남권'의 비율이 50.8%로 반을 넘는 수준이었다. 사실상 일반고도 평범한 일반고는 아니라는 의미였다.

2017학년도 서울대 합격자 출신 고교별 현황				
순위	학교	지역	유형	합격자(명)
1	서울예술고	서울	특목고	82
2	용인한국외대부설고	경기	자사고	74
3	서울과학고	서울	특목고	63
4	대원외고	서울	특목고	55
5	경기과학고	경기	특목고	54
5	하나고	서울	자사고	54
7	상산고	전북	자사고	47
8	민족사관고	강원	자사고	40
9	대전과학고	대전	특목고	38
10	휘문고	서울	자사고	34
11	안산동산고	경기	자사고	34
12	대일외고	서울	특목고	33
12	한영외고	서울	특목고	31
14	대구과학고	대구	특목고	29
15	선화예술고	서울	특목고	27
15	세화고	서울	자사고	27
15	포항제철고	경북	자사고	27
18	단국대사대부고	서울	일반고	26
18	국악고	서울	특목고	23
20	수지고	경기	일반고	23
21	대전외고	대전	특목고	21
21	서울고	서울	일반고	21
21	한일고	충남	일반고	21
24	경기외고	경기	특목고	19
24	고양외고	경기	특목고	19
24	한국과학영재학교	부산	특목고	19
24	현대청운고	서울	자사고	19
28	현대고	울산	자사고	18
28	강서고	서울	일반고	17
29	숙명여고	서울	일반고	17
29	인천국제고	인천	특목고	17

상위 30개교 중 (중복 포함 31개교)

특목고: 15개교(528명)

자사고: 10개교(373명)

일반고: 6개교(124명)

특목고, 자사고 비율: 80.6%

일반고: 6개교(124명) 중

서울 강남 소재: 3개교(63명)

서울 목동 소재: 1개교(17명)

경기 수지 소재: 1개교(23명)

지방 소재: 1개교(21명)

일반고 합격생 중 강남 비율: 50.8%

2017학년도 서울대학교 합격자 출신 고교별 현황을 보면 자사고와 특목고가 일반고보다 월등히 앞선다. 이 일반고도 강남 비율이 50퍼센트가 넘는다.

서울대학교 김대일, 김광억 교수팀은 1970년부터 2003년까지 30여 년 동안 서울대학교 사회과학대학 신입생 11,911명의 출신 지역과 부모들의 경제력을 분석했다. 그 시절에는 누가 서울대학교에 들어갔을까? 분석 자료를 보면 1970년대에도 서울의 편중 현상이 심했던 것을 확인할 수 있었다. 지방은 영남이 30% 내외를 오르락내리락하고 있으며 그 외의 다른 지역은 20% 미만으로 존재감이 미미했다.

특히 예비고사를 보던 시기에 서울과 지방의 격차가 가장 컸다. 대학 입시가 학력고사로 바뀌면서 지역 격차가 감소하기 시작했지만 서울의 독주는 단 한 번도 꺾인 적이 없었다. 서울은 어떻

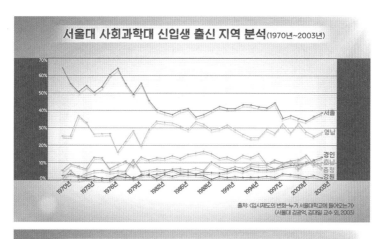

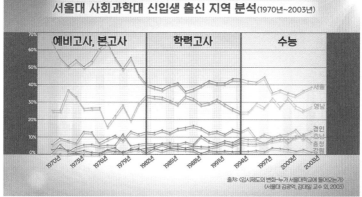

서울대학교 사회과학대 신입생 출신 지역 분석 그래프를 보면 서울의 독주는 계속된다.

게 이렇게 오랫동안 독보적인 1위를 차지할 수 있었을까? 왜 지금도 그 기세는 꺾이지 않을까? 언제까지 서울의 독주는 계속될 수 있을까? 김대일 교수의 의견을 들어 보았다.

■ **김대일** | 서울대학교 경제학부 교수

"입학 자료를 분석해 본 결과 부모님들의 소득 격차와 지역 격차는 확실히 있었습니다. 지역적으로도 지방에 비해 서울의 합격률이 더 높았습니다. 서울에서도 강북보다는 강남이 높았고요. 이런 식의 지역 편차는 이미 있었는데 시간이 지나면서 계속 심화되어 온 셈이죠. 물론 저희가 한 연구는 사회과학대학만 대상으로 했기 때문에 조금 더 자료를 넓혀서 분석을 해 볼 필요는 있다고 생각합니다. 그럼에도 결과는 상당히 충격적이었죠."

자꾸만 벌어지는 지역 격차

제작팀은 1999년부터 2015년까지 총 17년간 서울대학교 입학생의 출신 지역과 부모의 사회·경제적 배경 등을 조사해 보았다. 결과부터 말하면, 1999년부터 최근까지 17년 동안 지역 격차는 더욱 벌어졌다. 한 마디로 '서울의 독주, 지방의 몰락'이라고 할 수 있었다. 대표적인 교육 특구인 강남 3구, 과거 '강남 8학군'으로 불리던 지역의 서울대학교 입학 성적을 살펴보았다. 서울 전체와 비교해 보아도 강남 8학군 출신의 입학률이 눈에 띄게 높았다.

특이한 것은 입학률이 일시적으로 하락한 시기가 있었다는 점이었다. 하락 시기는 총 5번이었는데 1982년 학력고사를 시행했을 때, 1986년 논술고사가 도입되었을 때, 1988년 면접이 병행되었을 때, 1994년 수능으로 바뀌었을 때, 1997년 학생부가 활용되었을 때였다.

그러나 하락세는 1년 후 다시 회복되었다. 이것이 의미하는 것은 무엇일까? 강남 8학군은 제도가 바뀌었을 때는 일시적으로 흔들리더라도 사교육을 통해 새로운 제도에 쉽게 적응해 나갔다는 단적인 증거일 터였다. 또한 그만큼 대학 입시를 치열하게 준비하고 있다는 의미이기도 했다.

예전에도 이런 현상이 있었을까? 이와 관련해 김대일 교수의 말을 들어 보았다.

■ **김대일** | 서울대학교 경제학부 교수

"옛날에는 경기고, 서울고, 용산고, 휘문고, 경복고를 비롯한 서울 명문고들이 유명했지만 지방에도 경북고, 전주고 등 쟁쟁한 학교들이 굉장히 많았습니다. 지방 명문고의 상당한 수가 의사도 되고 판검사도 했어요. 서울에서 다 독점한 건 아니었죠."

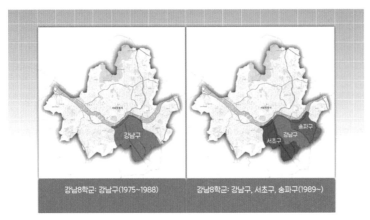

강남8학군: 강남구(1975~1988) 강남8학군: 강남구, 서초구, 송파구(1989~)

강남 8학군은 입시 제도가 바뀌면 일시적으로 서울대 합격률이 떨어졌지만 사교육을 통해 쉽게 적응해 나갔다.

　　수능 날은 12년에 걸친 입시 경쟁의 성패가 판가름 나는 날이다. 어떤 학교, 어떤 지역, 어떤 부모인지 상관없이 공정하게 경쟁하고 평가받고 싶어 하는 건 당연한 일이다. 하지만 대학 입시 본

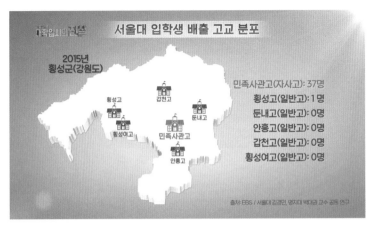

2015년 강원도 횡성군 38명의 서울대 합격생 중 37명이 민족사관학교 출신이다.

연의 취지나 바람과는 다르게 몇 가지 요소들에 의해 격차는 갈수록 더 심해지고 있다.

제작팀은 전국 고등학교를 대상으로 서울대학교에 입학생을 보낸 학교들을 분석해 보았다. 예상대로 서울·경기권에서 그 수치가 더욱 증가하고 있었다. 그러나 비록 극소수라도 의외의 선전을 한 지방도 있었다. 어떻게 이런 일이 가능했을까?

2015년 강원도 횡성군에서는 38명의 학생이 서울대학교에 합격했다. 일반 고등학교 총 5개 학교 중에서 오직 한 고등학교에서만 서울대학교에 1명이 입학했고, 나머지 4개교에서는 서울대학교에 입학한 학생이 없었다. 37명의 학생은 어떻게 된 것일까? 비

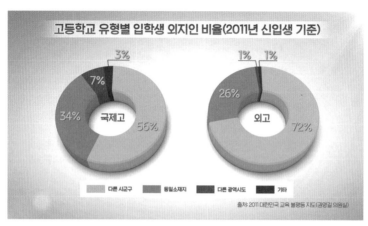

고등학교 유형별 입학생 외지인 비율(2011년 신입생 기준)

국제고 56% 34% 7% 3%

외고 72% 26% 1% 1%

다른 시군구   동일소재지   다른 광역시도   기타

출처: 2011 대한민국 교육 불평등 지도(권영길 의원실)

국제고, 외고의 과반수가 다른 지역에서 온 학생들이다.

밀은 민족사관학교에 있었다. 나머지 37명의 서울대학교 합격생
이 모두 자사고인 민족사관학교 출신이었던 것이다. 지방의 질주
가 눈에 띈다 해도 그 지역의 일반고인 경우는 드물었다.

국제고는 재학생의 50% 이상이 타 지역 출신이었다. 다른 시·
도·군에서 온 학생들의 비율이 56%, 동일 소재지 학생들이 34%,
다른 광역시도 학생들이 7%, 나머지 3%는 기타로 나타났다. 외
고 역시 타지에서 온 학생들의 비율이 70% 이상이었다. 다른 시·
군·구 72%, 동일소재지 26%, 다른 광역시 1%, 기타가 1%였다.
과반수 이상이 다른 지역에서 온 학생들이었던 것이다.

사실상 국제고나 외고 같은 학교를 제외하면 지방의 일반 고등

학교에서 서울대학교에 학생을 보내는 일은 하늘의 별을 따는 일만큼이나 어려운 일로 보였다. 더 큰 문제는 지역 인재들이 살던 곳을 떠나 다른 지역의 외고나 국제고로 가는 일들이 일어나고 있는 현상이었다. 이에 대해 박대권 교수는 이렇게 말했다.

■ **박대권** | 명지대 청소년지도학과 교수

"지역에서는 애향심 있는 인재들이 지역 고등학교에 끝까지, 최소한 대학에 들어가기 전까지 있길 바라죠. 그 지역에서 태어나고 자라면 지역에 대한 애착심이 생기잖아요. 이제는 그런 점을 기대하기도 어려운 상황이에요."

한때 서울의 명문고가 부럽지 않을 만큼 기세가 대단했던 지방의 일반고들은 어떻게 몰락하게 된 것일까?

부산만 해도 한 해에 수십 명의 학생들을 서울대학교에 보내는 학교가 많았다. 2000년에 서울대학교 합격생을 10명 이상 배출한 곳도 모두 일반고였다. 하지만 2015년 이후 일반고의 서울대학교 합격생 배출이 조금씩 줄어들더니, 지금은 거의 사라지고 자사고와 특목고만 남았다.

부산만큼이나 교육열이 높기로 유명한 대구는 어떨까? 대구 또한 2000년에 10명 이상의 서울대학교 합격생을 배출한 고등학교가 모두 일반 고등학교였다. 그 수는 무려 20개교에 달했다. 그러나 대구 지역 명문고들은 2005년을 기점으로 극적으로 몰락하는 모습을 보였다.

대전 지역도 크게 다를 바가 없었다. 서울대학교에 합격하는 학생들의 숫자가 줄어든 것뿐만 아니라 일반고 수 자체가 급격히 감소했다. 2000년에는 서울대학교 합격생 10명 이상을 배출한 학교가 일반고가 10개, 특목고가 1개였다. 그러나 2015년 서울대학교 합격생이 8명 이상인 학교는 단 3개에 불과했고 다른 지역과 마찬가지로 특목고와 자사고만이 살아남았다. 이런 현상을 어떻게 봐야 할까? 김경민 교수의 의견을 들어 보았다.

■ **김경민** | 서울대학교 환경대학원 교수

"현재 지방은 거의 몰락한 양상을 보입니다. 더 중요한 건 과거에는 지방 챔피언들이 일반계 고등학교 출신이었는데, 지금은 아예 없어졌다는 점이에요. 여기에 소수의 새로운 강자가 등장했는데 그게 특목고입니다. 지금은 부모 소득이 높은 아이들이 자사고와 특목고에 가고 그쪽에서 좋은 대학에 진학하는 루트가 만들어지고 있죠. 소득의 격차가 교육의 격차를 낳는 연관성을 극명하게 보여 주고 있습니다."

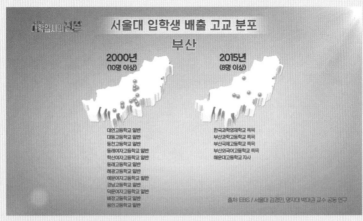

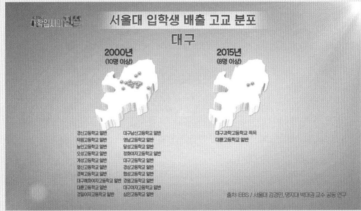

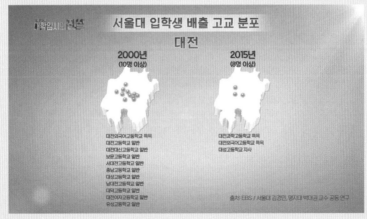

지역별 서울대 입학생 배출 고교의 분포를 보면 부산, 대구, 대전 등에서 일반고의 몰락을 확인할 수 있다.

3.

학력 격차가
심화되는 이유

콜먼 보고서와 오늘날의 대한민국

소득 격차로 인한 교육의 불평등과 그 불편한 진실이 세상에 처음 드러난 것은 1966년 콜먼 보고서를 통해서였다. 당시 미국은 학력 격차를 줄이기 위한 연구를 막 시작한 때였다. 사회 과학자 제임스 콜먼James Coleman은 어떤 요소가 교육 불평등을 야기하는지 본격적인 연구에 나섰다.

콜먼은 무려 4,000개 학교, 60만 명의 학생을 대상으로 방대한 연구를 실시했는데 보고서가 발표되자 미국 사회는 엄청난 충격에 빠졌다. 학력 격차를 생기게 하는 요인 때문이었다. 그것은 무엇이었을까? 바로 가정 배경의 차이가 학력 격차를 결정한다는 사실이었다. 콜먼 보고서에는 다음과 같은 내용이 있다.

'학교 간 학업 성취도 차이의 상당 부분은 학교 차이 때문에 발생하는 것이 아니라, 입학하는 학생의 가정 배경 차이의 결과인 것으로 보인다.'

듀크대 사회학과의 엔젤 루이스 하리스 교수는 가정 환경의 중요성에 대해 다음과 같이 이야기했다.

■ **엔젤 루이스 하리스** | 듀크대 사회학과 교수

"모두가 동등한 교육을 누릴 수 있느냐고요? 제 대답은 '아니오'입니다. 학업 성취에 가정 환경이 절대적으로 중요하기 때문입니다. 소외된 아이들은 상위층 부모를 둔 아이들과는 전혀 다른 맥락의 학교와 동네를 마주하게 됩니다. 집중적 빈곤, 집중적 불이익은 개개인이 가진 특질 이상으로 영향을 줍니다. 계층 간의 격차와 사회 구조로 인해 소외된 아이들은 상위층 아이들과 동등한 교육의 질을 누리기 힘듭니다."

콜먼 보고서가 나온 지 어느덧 50년이 지났다. 현재 대한민국

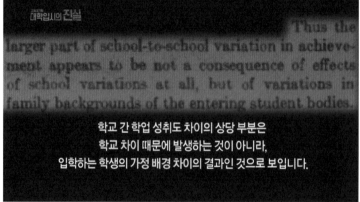

학교 간 학업 성취도 차이의 상당 부분은
학교 차이 때문에 발생하는 것이 아니라,
입학하는 학생의 가정 배경 차이의 결과인 것으로 보입니다.

4,000개 학교, 60만 학생을 대상으로 조사한 콜먼 보고서에 따르면 가정 배경의 차이가 학력 격차를 결정한다.

교육 불평등의 실태는 어떠할까? 제작팀은 목동의 학부모들을 만나 그들의 이야기를 들어 보았다. 부모들은 대체로 입시가 바뀔 때마다 사교육 시장이 학교보다 먼저 움직이기에 그들의 지도를 받지 않으면 불안하다는 반응을 많이 보였다. 사교육의 지도를 받는 아이들과 받지 않는 아이들 사이에서 벌어지는 확연한 차이 때문이었다.

■ 학부모 A

"선생님들이 생기부를 써 주는 게 일반고와 자사고 사이에 차이가 많다고 하더라고요. 일반고에 계시는 선생님들 중에는 되게 구태의연하게 처리하는 분들도 있기에 일반고 학생들이 학종으로 대입 원서를 써 봤자 낙오자만 된대요. 1등급 나오는 애들만 신경 써 주지, 나머지 애들은 다 버리는 카드라는 말도 들었어요."

■ 학부모 B

"비교과 활동 중에 아이들 소논문 쓰는 거 있잖아요. 그 소논문에서도 빈부 격차를 느낀다고 했어요. 부모의 직업군이 교수거나 학계에 계신 분들의 아이들은 부모의 연줄로 그 대학 실험실을 이용해요. 고등학교 수준의 소논문이 아니라 굉장히 높은 수준의 소논문이 나온다고 하더라고요."

■ 학부모 C

"아이가 예비 고1때 교육 과정에 따른 프로그램을 따라가게 하려고 학원을 보냈어요. 숙제가 너무 많으니까 어느 날 애가 그러더라고요 "엄마, 제가 기계예요?" 마음이야 아프죠. 갈등도 되고요. 그런데 주변 엄마들이 애한테 절대 지면 안 된다고 했어요. 한 달만 학원 쉬게 해도 고속도로 하이웨이에서 국도로 내려앉는 느낌이 든다고요."

인터뷰를 하는 동안 부모의 직업 격차가 아이의 학업 격차로 이어지는 상황과 힘들다는 아이를 끝까지 학원으로 내모는 부모들의 사정도 들을 수 있었다.

부모들이 이렇게까지 내달리는 이유는 무엇일까? 자기 아이의 생존이 중요하기 때문일 터이다. 그러나 그보다 더 큰 이유는 지금 그들이 누리고 있는 것들조차 아이들이 누리지 못하게 될 지도 모른다는 '불안감' 때문이었다. 그러나 사교육도 경제력이 뒷받침되지 않으면 어려운 일이었다. 경제력이 없으면 입시 경쟁 자체에 뛰어들지도 못하는 것이 현실이었다.

이런 현실을 부모들은 이구동성으로 '전쟁'이라고 표현했다. 부모의 경제력 없이는 시작될 수도 이길 수도 없는 것, 그것이 바로 대한민국의 입시 전쟁이다.

공정하게 경쟁할 수 있어야 한다

■ 　　서울대학교 입학 코스로 떠오른 자사고와 특목고의 학부모들은 일반고 학부모들과 차이가 있을까? 있다면 어떤 점이 다를까? 제작팀은 고교 유형별로 1년 동안 들어가는 학비의 평균을 비교해 보았다.

일반고의 연간 평균 학비는 약 106만 원, 공립 외고가 약 538만 원, 자사고가 약 825만 원, 사립 외고가 약 837만 원, 마지막으로 국제고가 약 855만원으로 가장 높았다. 학비가 가장 낮은 일반고에 비해 국제고의 학비는 무려 8배 높은 것으로 나타났다.

학교 유형에 따라 아버지의 직업 분포에도 차이가 있었다. 외고의 경우 아버지의 51.12%가 고소득 직군에 종사하고 있는 반면 일반고는 겨우 15.22%에 불과했다. 이것은 자사고·특목고에 가기 위해서는 부모의 배경이 필수적이라는 사실을 보여 주는 수치다.

학교에 따라 어머니의 직업 분포도 달랐다. 특히 전업주부의 비율을 보면 외고는 65.92%로 60%를 넘지만 일반고의 경우 59.54%로 60%를 넘지 않았다. 실업고는 31.41%로 일반고보다 더 낮은 비율을 보였다. 이러한 어머니의 전업주부 비율의 차이는 소득 격차와 함께 정보 격차로 이어졌다. 가정 배경에 따른 소득

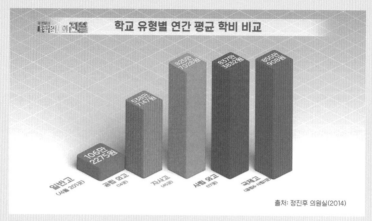

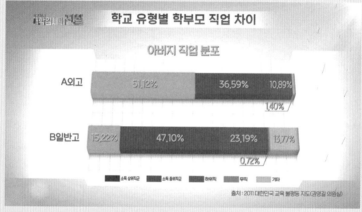

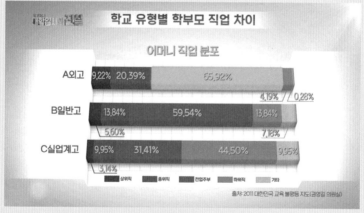

일반고에 비해 자사고·특목고의 학비는 8배나 비싸다. 학교 유형에 따라 아버지의 직업과 어머니의 전업주부 비율이 확연한 차이가 난다.

격차와 정보 격차의 가장 큰 문제점은 무엇일까? 김경민 교수의 말을 들어 보았다.

■ **김경민** | 서울대학교 환경대학원 교수

"부유한 아이들이 선천적으로 공부를 잘 할 수도 있어요. 충분히 그럴 수 있고 그 영향도 있을 것 같습니다. 그럼에도 불구하고 이런 비율이 존재한다는 것은 상대적으로 그 계층 안으로 진입 자체를 할 수 없고, 그 결과 희망의 끈을 놓게 만들 수 있다는 것이죠. 저는 그게 가장 큰 문제점이라고 생각해요. 그래서 아이들이 공정하게 경쟁할 수 있는 룰을 세팅하는 것, 그게 핵심 포인트라고 생각합니다."

동부산과 서부산의 격차가 말하는 것

가정 배경에 따른 불평등은 한 지역 내에서 나타나기도 한다. 부산은 한때 명성이 자자할 정도로 명문고가 많았다. 하지만 입시 제도가 바뀌면서 그것도 옛말이 되었다. 더 큰 문제는 같은 부산 내에서도 교육 격차가 벌어지고 있다는 사실이다. 부산광역시 중구에 거주하는 한 학부모의 이야기를 들어보자.

■ **김선주 (가명)** | 부산광역시 중구 거주

"제가 동부산 쪽에 살다가 왔는데 그쪽에서는 엄마들이 아이들 교육을 다양하게 시키려고 해요. 소득 수준도 좀 높은 편이고 그쪽의 분위기상 할 수 밖에 없는 것도 있고요."

부산 진구에 거주하는 한 시민은 다음과 같이 말했다.

■ **이태민 (가명)** | 부산광역시 부산진구 거주

"똑같이 공부를 하면서 동부산은 여유가 있는 공부를 하는 거고, 서부산은 진짜 살기 위해서, 이기기 위해서 하는 공부예요."

사하구에 거주하는 자공고자율형 공립 고등학교 출신의 한 학생은 자사고와의 차이에 대해 이렇게 지적했다.

■ **박경태 (가명)** | 부산광역시 사하구 거주

"제가 자공고 나왔거든요. 근데 해운대고가 자사고잖아요. 저희 학교랑 여기랑 공립하고 사립, 그 차이밖에 없는데 대학 보내는 거 보면 뭔가 문제가 있는 것 같아요."

부산은 동부산과 서부산으로 나뉜다. 두 지역 간의 교육 격차

같은 부산에서도 부촌인 동부산과 주로 서민들이 거주하는 서부산은 풍경부터가 다르다.

실태를 보기 위해 제작팀은 동부산을 찾았다. 초고층 아파트로 이루어진 마천루가 한눈에도 부촌임을 말해 주었다. 동부산은 부유층이 거주하는 곳으로 자사고와 특목고가 밀집해 있고 입시 전문

학원가로도 유명하다. 서부산의 풍경은 사뭇 달랐다. 이곳은 서민들이 주로 거주하는 지역으로 학교도 대부분이 일반고다. 드라마만큼이나 극적으로 다른 풍경은 동부산과 서부산의 격차를 단적으로 보여 주었다. 이런 현상에 대해 성병창 교수는 다음과 같이 말했다.

■ **성병창** | 부산교육대학교 교육학과 교수

"지역 격차가 교육 격차를 낳고 또 교육 격차가 지역 격차를 낳고 있습니다. 이것이 계속 악순환되고 있죠. 지역 격차가 교육 격차를 낳게 하는 중요한 요소임엔 틀림없어요. 지역 격차를 결정짓는 요소는 여러 가지가 있겠지만 부모의 사회·경제적 배경이 크게 작용하고 있는 것 같아요."

교육 격차 지수가 50보다 작으면 열악한 상태를, 50보다 크면 양호한 상태를 나타낸다. 동부산과 서부산의 교육 격차 지수를 살펴보았다. 동부산은 모두 50을 넘는 양호한 지역이 많았다. 반면 서부산에는 50보다 작은 열악한 지역이 몰려 있었다.

이 중에서도 격차가 가장 크게 벌어지는 곳은 동부산의 해운대구와 서부산의 영도구였다. 제작팀은 두 지역을 비교했다. 먼저 경제력의 차이에 대해 알아보았다. 영도구의 경우 가구당 월평균

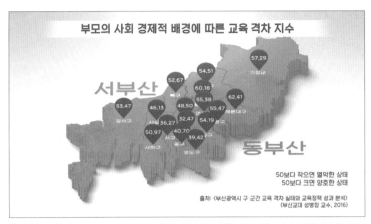

부모의 사회 경제적 배경에 따른 교육 격차 지수

서부산

동부산

57.29
기장군

54.51

52.67

60.18

55.38

62.41

53.47
강서구

46.13

48.50

55.47
해운대구

사실 36.27

32.47

54.19 남구

50.97
사하구

40.70

39.42
영도구

50보다 작으면 열악한 상태
50보다 크면 양호한 상태

출처: 〈부산광역시 구 군간 교육 격차 실태와 교육정책 성과 분석〉
(부산교대 성병창 교수, 2016)

동부산은 교육 격차 지수가 50을 넘는 양호한 지역이 많은 반면, 서부산은 50보다 작은 열악한 지역
이 몰려 있다.

소득이 500만 원 이상인 가구가 4.1%였다. 해운대구는 14.4%로
영도구에 비해 3.5배 높았다. 월평균 사교육비로 70만 원 이상 지
출하는 가구도 해운대구가 23.2%, 영도구가 11.1%로 해운대구가
2배나 많은 실정이었다. 차이는 여기서 끝이 아니었다. 재수를 선
택할 수 있는 기회도 서부산보다 동부산 아이들에게 더 많이 열
려 있었다. 부산의 한 입시학원 교사는 이 사실을 확인해 주었다.

■ 장혜진(가명) | 부산 입시학원 교사

"저희 학원에 등록하는 학생들 상당수가 동부산권 학생들입니

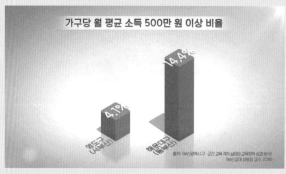

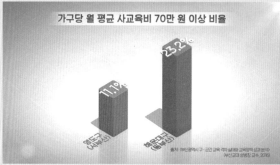

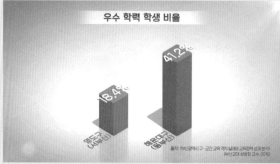

동부산과 서부산, 이 중에서도 가장 큰 격차를 나타내는 해운대구와 영도구는 가구당 월평균 소득, 월평균 사교육비, 학생별 학력 수준에서 뚜렷한 차이를 나타낸다.

다. 예전과는 다르게 재수를 선택하는 것이 일종의 기회라고 생각한다면 동부산권 아이들이 그런 추가 기회마저 더 많이 얻고 있다는 사실을 알 수 있어요."

부산 만덕고의 한 교사도 지역에 따른, 부모의 소득에 따른 아이들의 학업 격차에 대해 언급했다.

■ **김민수** | 부산 만덕고 교사

"지역에 따른 차이는 분명 있는 것 같아요. 우리가 안타까워하는 부분은 부모의 소득 격차에 따라서 아이들의 학력 차이가 난다는 점이에요. 어떨 때는 교사로서 자괴감도 들죠. 아무리 열정을 가진 교사들이 다가가도 중학교 때부터 이미 벌어져 있는 학력 차이를 극복하기 힘들다는 걸 느낄 때가 많거든요."

이런 불평등을 교사들만 보고 느끼는 것이 아니다. 서부산 소재의 고등학교에 다니는 민혜도 격차에 대해 실감하고 있었다.

■ **권민혜(가명)** | 서부산 소재 고교 재학생

"저희 집은 부유하지는 않고 평범한 편인데요. 그래서 해운대 쪽에 사는 애들처럼 과외를 많이 하거나 그러지는 못해요. 그쪽 애들은 11시쯤 학교 일정이 끝나면 그 다음에 또 과외를 받으러 가요. 거기에서부터 성적 차이가 나는 거죠. 아무래도 학업적인 부분에서 빈부 격차를 느끼게 돼요."

민혜의 말처럼 학업에서 동부산과 서부산은 큰 차이를 보였다. 해운대구와 영도구의 기초 학력 미달 학생을 비교해 보았을 때 영도구는 6.1%, 해운대구는 2.7%의 비율을 보였다. 영도구가 해운대구보다 2.3배나 높았다.

반면 우수학력 학생을 살펴보니 기초 학력 미달 학생 비율과는 정반대의 결과가 나타났다. 영도구가 18.4%를 기록한 데 비해 해운대구는 무려 41.2%의 비율을 보였다. 해운대구가 2배 이상 높았다. 소득 격차가 학력 격차로 이어지는 현실을 여실히 보여 주는 결과였다.

물론 어느 사회나 교육 격차는 나타나는 현상이다. 그러나 문제는 우리 사회의 교육 격차가 점점 양극화되고 고착화되어 간다는 사실이다. 예전에는 '개천에서 용 난다'는 말이 있었고 실제로 그런 일이 가능했다. 교육은 상층부로 향하는 사다리를 오를 수 있는 기회이자 도구였다. 그러나 앞으로는 어떨까? 교육 격차의 양극화를 깨지 못한다면 개천에서 용이 나는 일을 기대하기는 힘들 것이다.

4.

절망에서
희망으로

일본의 격차 세습

부자 동네와 가난한 동네처럼 거주 지역에 따른 학력 격차의 고착화는 우리 사회의 위기 신호가 될 수 있다. 사회의 이동 사다리인 교육의 역할이 그만큼 약화되고 있다는 반증이기 때문이다. 계층 상승이라는 희망이 사라진 사회, 그 미래는 어떤 모습일까? 제작팀은 일본에서 그 사례를 만날 수 있었다.

일본은 이미 10년 전부터 그 불길한 징후가 나타나기 시작했다. 한 경제 잡지를 통해 알려진 격차 세습 실태는 일본 사회에 큰

일본에서는 10년 전부터 격차 세습 실태가 드러나기 시작했다. 일본에서 계층 상승의 희망이 사라진 사회를 만나볼 수 있다.

충격파를 던졌다. 해당 잡지의 표지에는 '부모의 학력과 자녀의 연 수입 간의 잔혹한 상관관계', '자녀에게 유전되는 상류 마인드, 하류 마인드'와 같은 격차 세습에 대한 내용들이 쓰여 있었다.

1970년대의 일본은 '1억 명 중류 사회'를 표방하며 경제 호황기를 구가했다. 일본 국민들은 노력한 만큼 계층 상승을 이룰 수 있다는 믿음이 있었다. 하지만 불황이 장기화되고 경제 불평등이 심화된 지금, '국민 생활 만족도' 조사에 따르면 미래가 밝다고 답한 일본인은 겨우 2.5%에 불과했다.

빈부 격차가 자식 세대까지 세습되는 사회, 더욱이 교육이라는 수단을 통해 계층 대물림이 이뤄지는 현실은 어딘지 우리나라와

닮아 있다. 고바야시 마사유키 교수는 이런 현상에 대해 다음과 같이 말했다.

■ **고바야시 마사유키** | 도쿄대 교육학과 교수

"학력 격차가 소득에 따라 크게 벌어진다는 것은 명백합니다. 일본의 경우, 학력 테스트를 실시하고 있는데 그 결과를 보면 학력과 소득은 매우 높은 상관 관계를 보이고 있습니다. 그 중 하나가 학습 비용, 그리고 또 하나는 방금 말씀하신 교육에 대한 부모의 관심이죠. 그 역시 차이가 나므로 그런 다양한 요인들이 겹쳐 학력차로 나타나고 있는 거죠."

유치원부터 대학까지 공립 교육 루트를 밟을 때의 교육비는 한화로 약 1억여 원이다. 반면 사립 루트를 밟을 경우 무려 4억 원이 넘는 교육비가 든다. 사립학교는 부유층의 전유물이 될 수밖에 없을 것이다. 이런 격차 세습에 대해 일본의 젊은이들은 어떻게 생각하고 있을까?

제작팀은 일본 젊은이들의 이야기를 들어 보았다. 대학생인 사사하라 레나는 2008년 리먼 사태를 시작으로 일본에서 격차 세습이라는 말이 회자되기 시작했다고 말문을 열었다. '하류의 아이는 하류'라는 풍조가 짙어지고 있는 것 같다는 이야기도 전했다. 다

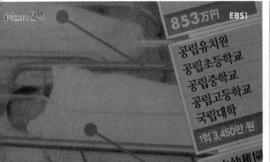

일본에서 유치원부터 대학까지 사립 교육 루트를 밟을 경우 공립 교육 루트보다 4배가 넘는 교육비가 든다.

른 젊은이들에게도 그런 걸 실감한 적이 있는지 묻자 대부분 이 말에 공감했다. 격차 세습에 대한 이야기가 계속되었다.

■ **고가야** | 대학생

"지금은 입시가 바뀌어서 면접이나 자원 봉사 활동 경험, 학교 성적 같은 것이 모두 중시돼요. 그것이야말로 진정으로 격차를 고정시킨다고 할까요. 지금의 상류 계급처럼 아이들에게 돈을 투자할 수 있는 가정의 아이는 그대로 좋은 대학에 갈 수 있지만 그렇지 않은 아이는 갈 수 없는 그런 세상이 될 거라고 생각해요."

■ **다구치 도모아키** | 대학생

"우리 부모님은 도시락 가게를 운영하세요. 실질적으로 돈을
버는 게 정말 힘들어요. 부모님 자력으로 아이 셋을 대학까지
보내려다 힘드셔서 결국 포기하고 학자금 대출로 셋 다 대학에
보내셨어요."

일본 젊은이들의 이야기는 하나로 모아졌다. 정보 격차가 실제
로 존재하며, 정보 격차가 빈곤의 재생산을 가능하게 한다는 점이
었다. 능력이 있다 하더라도 기회를 잡기가 힘들다는 이야기였다.

계층의 이동 통로가 막히면서 사회는 역동성을, 젊은이들은 희
망을 잃어가고 있었다. 미래에 대한 기대, 더 나은 삶을 위한 노력
은 변화의 가능성이 있을 때 존재하기 때문이다. 일본 국민들의
의식에서도 격차가 나타나고 있었다.

부자 계층과 비정규직 계층에게 '자신은 반드시 성공한다'는
자신감이 있느냐는 질문을 던져 보았다. 조사 결과, 상속 부자는
47.3%, 비정규직 2세는 9.4%의 비율을 보였다. 부자는 성공에
대한 자신감이 큰 반면 비정규직의 자녀는 그 수치가 월등히 낮
았다.

'노력은 반드시 보상 받는다'라는 질문에 대해서도 상속 부자
는 61.4%의 높은 비율을, 비정규직 2세는 26.8%의 낮은 비율을

상류 계층, 하류 계층 인식 조사

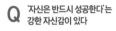

Q '자신은 반드시 성공한다'는
강한 자신감이 있다

47.3%

9.4%

상속부자　　비정규직 2세

상류 계층, 하류 계층 인식 조사

Q '노력은 반드시 보상받는다'고
믿고 있다

61.4%

26.8%

상속부자　　비정규직 2세

상류 계층, 하류 계층 인식 조사

Q 열심히 일해도 가난한 것은
사회의 책임이라기보다 자기 책임이다

52.2%

9.8%

상속부자　　비정규직 2세

상류 계층, 하류 계층 인식 조사

Q 지금 일본에서는 빈부 격차를 역전할
기회의 평등이 제 기능을 하고 있다고 생각한다

74.1%

23.2%

상속부자　　비정규직 2세

격차 세습에 대하여 부자 계층
과 비정규직 계층 사이의 확고
한 인식 차이가 나타난다.

보였다. 계층에 따라 2배 이상의 큰 차이가 나타났다. 또한 부자의 52.2%가 가난의 책임이 개인에게 있다고 답한 반면, 비정규직의 2세는 9.8%만이 그렇다고 답해 문제점이 사회 구조에 있음을 시사했다.

무엇보다 '기회의 평등'에 대해서 두 계층 간의 인식 차는 매우 컸다. '일본에서 빈부 격차를 역전할 기회의 평등이 제 기능을 하고 있느냐'라는 질문에 부자는 74.1%, 비정규직 2세는 겨우 23.2%가 제 기능을 한다고 응답했다.

제작진은 『하류사회』, 『격차고정』의 저자 미우라 아츠시三浦展로부터 계층 격차에 대한 생각을 들을 수 있었다.

■ **미우라 아츠시** | 작가

"한 마디로 가장 전하고 싶었던 메시지는 부모의 격차가 아이에게 대물림되어서는 안 된다는 점이었어요. 부모가 갖은 노력을 한 결과 어떤 사람은 억만장자가 되고 어떤 사람은 연봉 300만 엔으로 끝나는데, 그것에 대해서는 문제가 없다고 생각합니다. 하지만 300만 엔을 가진 부모와 1억 엔을 가진 부모 사이에서 태어난 자녀의 양육 과정에서 지나치게 격차가 발생하는 상황은 바람직하지 않다고 봅니다. 자녀는 자녀대로 다시 같은 출발선에 서서 경쟁해야 한다고 말하고 싶었습니다."

일본 니트족의 하루

제작팀은 격차 세습을 실감하는 젊은이들이 사는 일본에서 33세의 니트족, 나다 요시후미 씨를 만나 보았다. 니트족이란 일도, 일할 의지도 없는 청년 무직자를 뜻하는 신조어이다. 도쿄 인근의 한 쉐어 하우스에서 만난 나다 씨는 일본에서 흔히 만날 수 있는 젊은이 중 한 사람이었다.

그는 중학교에서 고등학교로 진학할 때 입학 성적이 전교 1등이었고, 고등학교 때 성적도 좋았다고 했다. 입시 명문고 출신이지만 집안 형편상 대학 입학의 꿈을 접은 후, 그는 줄곧 니트족으로 살고 있었다. 나다 씨는 돈을 아끼기 위해 하루에 한 끼만 먹는다. 선호하는 식당은 저렴한 가격에 리필까지 가능한 곳이다. 첫 끼이자 마지막 식사를 할 때에는 기회가 있을 때 배불리 먹어 두자는 마음으로 먹는다. 그것이 나다 씨가 사는 방법이다.

그의 한 달 생활비는 한화로 100만 원 정도 된다. 물가가 비싼 일본에서 최소 생계비에도 못 미치는 금액이지만 그는 부족함이 전혀 없다고 말했다. 또래 젊은이들이 월급과 승진을 위해 일할 시각에 나다 씨는 가고 싶은 장소, 보고 싶은 것을 찾아다닌다. 아르바이트도 거의 하지 않는다. 무엇으로 돈을 벌며 수입은 얼마나 될까? 그는 생활비를 투전기빠찡코 게임에서 딴 돈으로 충당하고

일도, 일할 의지도 없는 청년 무직자 니트족은 노력해도 나아지기 힘든 시대에 현재의 행복을 선택한다.

있었다. 노력해도 더 나아지기 힘든 시대에 그는 현재의 행복을 선택하노라고 했다.

■ **나다 요시후미** | 니트족

"미래는 생각하지 않아요. 저는 3주 이후의 미래는 생각하지 않습니다. 무슨 일이 벌어질지 모르고 어떻게 될지도 모르기 때문이죠. 저는 현재에 대해 대만족이거든요. 수입은 없어요. 돈은 거의 없지만 매일이 즐겁고 행복해요. 싫은 일이나 힘든 일은 전혀 하지 않아요. 그래서 행복해요."

밤이 되면 나다 씨는 인터넷 방송을 한다. 같은 생각, 같은 처지에 있는 젊은이들과 소통하는 시간이다. 비록 돈을 버는 일은 아닐지라도 나다 씨의 하루 중 가장 중요한 일과다. 방송이 끝나면 나다 씨의 하루도 마무리 된다.

계층 상승의 희망이 사라진 사회, 절망의 나라에서 찾은 행복이 씁쓸해 보였다. 어쩌면 이 모습은 10년 후 우리 젊은이들의 모습일지도 모른다는 생각이 들어서였다.

우리가 되찾아야 할 것

부모의 경제력이 곧 자녀의 경쟁력이 되고, 갈수록 복잡해지는 대입 제도 속에서 경제력과 정보력으로 무장한 부모가 대신 뛰어야 성공할 수 있는 시대, 그것이 바로 대한민국의 현실이라면 앞으로 우리 사회는 무엇을 고민해야 할까?

서울대학교를 선망하는 상위권 성적의 자녀들뿐만 아니라 하위권 성적의 자녀들 사이에서도 소득 격차에 따른 차이가 존재했다. 똑같은 하위권 성적이라도 고소득층 자녀는 42%가 4년제 대학에 진학했다. 이에 비해 저소득층 가정의 자녀는 25%만이 진학했다. 고소득층 자녀의 비율이 17%나 높았다.

그렇다면 대학마다 저소득층 자녀의 비율은 어느 정도 될까? 서울의 명문대들을 조사해 본 결과 대학별 저소득층 학생 비율은 대부분 10% 남짓이었다. 재학생 중 저소득층 자녀는 열 명 중 한 명꼴이었다. 이른바 스카이로 불리는 명문대를 좀 더 살펴보았다. 소득 최상위권 자녀들은 명문대 전체 학생 중 무려 70% 이상을 차지하고 있었다. 재학생 중 일곱 명이 금수저 출신이었다. 상대적으로 부유한 계층의 자녀가 스카이 대학에 많이 간다는 속설이 사실로 입증된 것이다.

개인의 능력이 아니라 부모의 능력이 대학 입학에 더 큰 힘을

부모의 경제력이 곧 자녀의 경쟁력이 되는 지금, 부모가 뛰어야 자녀가 성공하는 공식이 대한민국의 현실이다.

발휘하는 것이 사실이라면 공정한 경쟁이라고 볼 수 없다. 이것은 이후 우리 사회에 어떤 영향을 미치게 될까? 이에 대해 구인회 교수의 말을 들어 보았다.

■ **구인회** ㅣ 서울대 사회복지학과 교수

"똑같은 잠재력을 가지고 있는 친구들 중에서도, 이를테면 집안이 어려운 친구의 잠재력은 사장死藏될 수 있고 집안이 부유한 친구의 잠재력은 실현할 수 있는 기회를 얻는다고 한다면 그것은 전반적으로 우리 사회의 미래 발전에 굉장히 부정적인 영향을 미치는 것이겠죠."

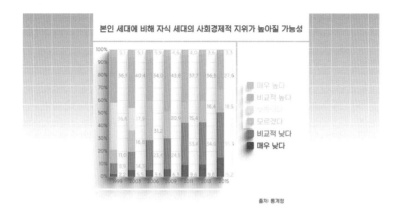

본인 세대보다 자식 세대의 사회·경제적 지위가 높아질 수 있겠느냐는 물음에 회의적인 답변이 점점 높아지고 있다.

소득 격차가 학벌 격차로 이어지는 사회에서 교육의 사다리는 제 기능을 잃어버렸다. 더 이상 인생 역전은 불가능하고 부모와 자식의 계층 대물림은 더욱 단단해지고 있는지도 모른다.

오늘날 대한민국 부모들은 우리 사회의 미래를 어떻게 바라보고 있을까? 그 전망은 갈수록 암울해지고 있다. '본인 세대보다 자식 세대의 사회·경제적 지위가 높아질 수 있겠느냐'라는 질문에 '낮다'라고 답변한 비율이 20년 전에는 10%였다. 하지만 '낮다'라고 응답한 사람들의 비율은 점점 높아졌고, 최근에는 50% 가깝게 껑충 뛰었다. 그만큼 미래에 대한 희망이 사라졌다는 것을 뜻하는 것이 아닐까. 이에 대해 김희삼 연구위원은 이렇게 말했다.

■ **김희삼** | 한국개발연구원 겸임 연구위원

"격차가 아주 심하거나 또는 격차가 대물림 되는 것, 격차가 고착화된다는 인식이 우리 사회에 지배적으로 자리 잡고 있습니다. 이에 대해 우리가 지금보다 더 큰 문제의식을 가지고 들여다 봐야 합니다. 국가 정책의 제1 목표로 두고 사회 개조, 경제 개혁을 해야 한다고 봅니다. 그러지 않으면 인적 자본에 의존해 온 우리나라에서는 상당한 어려움을 겪을 것입니다."

열심히 공부한 만큼, 노력한 만큼 결실을 얻을 수 있었던 시절이 우리에게도 있었다. 배운 것 없고 손에 쥔 것 없던 부모 세대는 피땀 어린 헌신으로 자식 세대에게 든든한 사다리를 만들어 주었다. 그것이 바로 교육이었다.

자식 세대에게 더 나은 삶을 물려 주고 싶었던 부모 세대의 열망은 수많은 개천의 용들을 키워냈다. 하지만 지금은 더 이상 개천에서 용이 날 수 없는 환경이다. 교육이 사다리의 역할을 하지 못하고 노력보다 부모의 배경이 더 강력한 힘을 발휘하기 때문이다.

공정한 경쟁과 평등한 기회가 상식이 되는 사회, 누구나 노력하면 정점까지 오를 수 있는 교육의 사다리를 더 늦기 전에 찾아야 하지 않을까? 그러기 위해서 대학 입시 제도는 과연 어떤 역할을 해야 하고 어떻게 변해야 할까?

과도한 학업에 상처 입은 아이들,
부모의 기대에 부합하기 위해 기계가 된 아이들은
지독한 공부와 잔혹한 경쟁 끝에 지쳐 버렸다.
지속적인 경쟁과 좋은 성적만을 요구하는 사회 속에서
공부하는 이유와 목적도 모른 채 아이들은 한 곳으로 질주했다.
공부 외에는 잘 하는 것이 없었다.
자신의 잠재력이 아니라 부모에 의해 미래가 준비되고 기획되었다.
학생의 잠재력보다 부모 배경이 더 중요하게 된
현재의 대학 입시가 만들어 낸 가짜 인재였다.

5장

진짜 인재, 가짜 인재

Schools get
counselling
help after
suicides

EBS 다큐프라임
대학입시의 진실

1.

병들어 가는
아이들

입시 대리모와 새끼 과외 선생

대한민국의 학부모들과 학생들이 치르는 12년에 걸친 이 치열한 대학 입시 전쟁은 결국 인재를 키우고 뽑는 과정이다. 성적으로 줄을 세워 학생들을 선발하던 과거와 달리, 요즘 대학 입시의 중요한 키워드는 바로 '인재'다. 그러나 각 대학마다 원하는 인재상도 천차만별이고 각 기업에서 뽑고 싶어 하는 인재상도 셀 수 없을 만큼 다양하다. 글로벌 융합형 인재, 창의적 미래 인재……, 인재 앞에 붙는 수식어도 화려하기만 하다. 게다가 대학과 기업이 요구하는 인재상의 눈높이는 계속 높아만 가고 있다. 대한민국의 대학 입시 제도는 이런 인재들을 키워 내고 있을까? 우리는 과연 어떤 인재들을 키우고 있을까?

'입시 대리모', '새끼 과외 선생'. 이런 말들을 들어 본 적이 있는가? 입시 대리모란 자기 자녀를 명문대에 보낸 경험이 있는 학부모 가운데 돈을 받고 타 자녀의 대학 입시 준비를 책임지는 사람을 말한다. 말 그대로 입시에 관한 한 '대리모'의 역할을 한다. 새끼 과외 선생이란 학생들이 다니는 학원에서 내 준 과제를 봐주는 선생이다. 학생들은 학교 공부를 위해 학원에 다니고, 학원 공부를 위해 과외를 받는다. 이들은 어떻게 보면 맞춤형 심부름꾼 같기도 하다.

입시 대리모, 새끼 과외 선생이라는 새로운 직업을 만들어 낼 만큼 아이에 대한 학부모의 열정은 대단하다. 학부모는 아이를 인재로 키우기 위해서 어떻게 하고 있으며, 아이들에게는 무슨 일이 일어나고 있는 것일까. 한 새끼 과외 선생을 만나 그 이야기를 들어 보았다.

새끼 과외 선생에 따르면 아이들이 받는 과외는 토론학원, 영어학원, 리코더 수행평가를 위한 과외, 스케이트, 중국어 등 기본적으로 대략 8개에서 10개나 됐다. 양 손으로 헤아리기 어려울 정도였다. 아이들은 이 많은 학원 스케줄을 다 소화할 수 있을까?

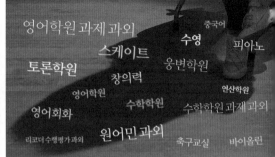

'입시 대리모', '새끼 과외 선생'까지 아이가 다니는 학원은 두 손 가득 꼽힌다.

아이들은 엄청난 스케줄을 위해 새벽 5시에 일어난다. 학교에서 학원으로, 학원에서 과외를 받는 오피스텔로, 오피스텔에서 집으로 이동한다. 그러나 이게 끝이 아니다. 영어, 수학, 중국어, 연산 등의 과목은 암기가 필요하다. 그러다 보니 아이들은 집에 와서도 외워야 할 분량을 다 외우기 전까지는 잠도 잘 수 없다. 겨우 외우고 나면 밤 12시. 그 때가 돼서야 하루의 일과가 끝이 난다. 때때로 아이들은 "엄마는 우리 엄마가 아니예요"라거나 "엄마가 마귀 같다"라는 표현으로 괴로운 심정을 드러낸다는 것이다. 제작팀도 이야기를 들으면서 아이가 받는 스트레스가 너무 심한 것 같아 걱정이 될 정도였다.

■ **강현지(가명)** ┃ 새끼 과외 선생

"아이가 감기 몸살을 되게 자주 앓았어요. 그리고 열이 많이 나서 응급실에도 가고 링거도 많이 맞았어요. 애가 링거를 맞고 나면 몸이 괜찮아진다는 걸 한 번 경험하더니, 조금만 피곤하거나 힘들면 링거를 놔 달라고 어머니한테 직접 부탁을 하더라고요. 배탈도 자주 나고 거의 항상 얼굴이 하얗고 창백해요. 다크서클이 생기는 건 기본이고요."

아이의 나이 아홉 살, 겨우 초등학교 2학년이었다. 어쩌면 수많은 부모가 공부라는 이름으로 자녀들의 어린 시절을 박탈하고 있는 것은 아닐까? 어른들의 과도한 욕망으로 인해 아이들만 병드는 것인지도 모르겠다.

'과도한 교육'이라는 학대

┃   국제중, 특목고, 명문대 입학을 향한 치열한 입시 전쟁은 유치원을 다니면서부터 시작된다. 특히 사교육의 메카 대치동에서는 12년 동안 사교육으로 키워진 아이들을 일명 '대치동 키드'라고 부른다. 정작 아이들은 부모들의 이런 교육법을 어떻게 느

끼고 있을까? 대치동 키드로 키워진 아이들을 만나 그 속내를 들어 보았다.

■ **김소륜** | 대학생

"어렸을 때 너무 어렵고 힘들었던 학원 수업이 생각나요. 영어 학원에서 단어를 일주일에 300개씩 외우게 하고요. 초등학교 1학년한테 어려운 미국 교과서를 읽고 에세이를 쓰게 하기도 했어요. 중학교 고학년이 될수록 '아, 진짜 공부를 놔 버리고 싶다' 그런 생각을 했어요. 아빠는 남들처럼 학원 뺑뺑이를 해야 대학에 잘 갈 수 있다고 하셨어요. 그래야 점수가 잘 나올 수 있다며 계속 시키셨죠. 난 학원가는 기계가 아닌데……."

소륜이는 말끝을 흐리며 씁쓸한 표정을 숨기지 못했다. 수경이 또한 이렇게 말했다.

■ **윤수경** | 대학생

"가끔은 학원에 가기가 너무 싫었어요. 그러면 그때부터 이상하게 배가 아픈 거예요. 스트레스성이었던 것 같아요. 그래도 엄마는 그냥 저를 학원에 데려다 놓고 가셨어요. 어린 마음에 혼란스러웠죠. '뭘 위해서 공부하고 있는 거지? 나는 뭐지?' 이런 생각을 많이 했어요."

아이들에게 그 시간은 고통스럽고 힘겹기만 했다. 버티고 견디느라 몸에 이상이 생기기도 했다. 그러나 더 심한 일도 있었다. 과도한 학업은 아이들의 마음까지 상하게 만들고 있었다.

■ **최소영** | 대학생
"대학 입시를 향해 가는 과정은 한 마디로 제 인생의 블랙홀이었어요. 고등학교 때 저한테 정신적인 문제가 생겼거든요. 그런 일을 굳이 안 겪을 수도 있었는데, 그런 생각을 해요. 그때는 주말에 집에 가면 링거 맞는 게 일상이었어요."

소영이처럼 정신적인 문제를 겪은 아이는 또 있었다.

■ **김완진** | 대학생
"왜였는지 모르겠는데 어릴 때 부모님이나 친척, 선생님들이 저에 대한 기대가 굉장히 컸어요. 제 생각엔 굳이 할 필요가 없어 보이는 문제집을 계속 풀게 하고 공부를 억지로 시켰어요. 그러다 보니까 어릴 때부터 스트레스가 많이 쌓였던 것 같아요. 결국 우울증이 생겼어요. 치료를 받으려고 돈을 모았는데 부모

아버지께서는 남들처럼 (학원) 뺑뺑이를 해야지
대학에 잘 갈 수 있다고, 그래야 점수 잘 나올 수 있다고

학원이 너무 가기 싫어서. 그러면 어머니는
그냥 데려다 놓고 가셨어요

뭘 위해서 공부를 하는 것인
지, 나는 누구인지도 모른 채
아이들은 기계처럼 학원 뺑뺑
이를 돌고 있다.

고등학교에 있던 와중에 제게도 정신적인 문제가 생겼거든요
그런 문제를 굳이 안 겪어도 됐다는 생각을 해요

아무것도 하기 싫고, 굉장히 무기력하고
밖에 나가는 게 무서울 정도로... 그런 경우도 있었고

지독한 공부와 잔혹한 경쟁 속에서 아이들은 서서히 녹아가는 것이 아닐까.

님한테 들킬까 봐 병원에 가서 제대로 된 진단도 못 받았어요."

　입시를 향한 무한 질주 속에서 아이들은 하루하루 소진되고 있었다. 지독한 공부와 잔혹한 경쟁 끝에 아이들에게 남은 것은 우울증과 무기력뿐이었다. 한창 미래를 꿈꿔야 할 나이이건만 '번아웃Burn-out'된 아이들은 대학에 가기도 전에 지쳐버렸다. 심지어 한 학생은 "아무것도 하기 싫고 굉장히 무기력했어요. 밖에 나가는 게 무서울 때도 있었어요. 학원에 앉아 있으면 괜히 머리에서 쥐나는 것 같은, 그런 경험들이 정말 많았고요"라고 말했다. 아이들의 몸과 마음은 점점 지쳐 녹아 내리고 있었다.
　정신건강의학과 전문의인 정찬승 원장은 과도한 교육에 대해 이렇게 평가했다.

■ **정찬승** | 정신건강의학과 전문의

"우리나라에만 있는 특이한 학대 유형인 것 같아요. 저는 그걸 '과도한 교육의 학대'라고 보는데요. 사실 번 아웃된 아이들에게 제일 좋은 처방은 밖에 나가서 신나게 뛰어 놀고, 운동도 하고, 다른 아이들과 적극적으로 교제를 하는 것입니다. 그런데 부모들은 그 쉬운 처방을 결코 받아들이지 않거든요. 진료실을 나갈 때면 뒤돌아서서 다시 한 번 물어 보세요. '그런데 공부는 이제 어떻게 시켜야 되는 걸까요?'라고요."

디자인 베이비

과도할 정도로 많은 사교육, 거기에 길들여진 아이들은 과연 똑똑한 인재로 성장한 것일까? 캐나다의 심리학자 도널드 헵Donald Hebb의 유명한 실험이 있다. 일부 실험쥐는 다양한 자극과 풍부한 경험을 할 수 있는 환경에 노출시켰고 다른 일부는 단순한 환경에 노출되도록 한 후, 실험쥐들의 인지 능력을 비교했다. 실험 결과는 놀라웠다.

다양한 자극과 풍부한 경험에 노출된 실험쥐들은 활발하게 놀이 기구를 타며 끊임없이 주변을 탐색했다. 반면 단순한 환경 속에 놓였던 실험쥐들은 움직임이 거의 없었다. 다음에는 쥐들을 복잡한 미로에 넣어 보았다. 풍부한 환경에서 자란 실험쥐들은 단순한 환경 속에서 자란 실험쥐들보다 더 빨리 미로에서 탈출했다. 풍부한 환경과 자극에 노출되었던 실험쥐들이 미로에서 빠르게 탈출할 수 있었던 것은 그들이 놓여 있던 환경이 뇌의 신피질을 발달시켜 인지능력이 향상되었기 때문이다.

■ **정윤경** | 가톨릭대학교 심리학과 교수

"아이들에게도 단순하고 반복적인 틀에 짜인 자극보다는 다양한 자극이 필요해요. 부모가 우리 아이는 이런 걸 배우고 이렇게 자라야 한다며 프레임을 짜 주고 그것대로 따라가도록 하는 것은 좋지 않아요. 아이들에게 기회를 줘야 해요. 그것은 다양한 자극일 수도 있고 여러 가지 경험일 수도 있어요. 가능성을 열어 주는 거죠."

정윤경 교수의 말처럼 학생들에게는 다양한 경험과 자극이 필요하지만, 대한민국 학생들은 대학 입시를 위해 세 가지를 포기할 수밖에 없다. 독서, 친구, 그리고 운동이다. 이런 환경에서 학부모

캐나다의 심리학자 도널드 헵의 인지능력에 관한 실험에 따르면 다양한 경험에 노출된 쥐들이 미로를 더 빨리 탈출한다.

는 입시 전쟁의 지휘관이 되어 명문대에 갈 아이를 만들어 낸다.

서울대 김세직 교수팀은 〈학생 잠재력인가? 부모 경제력인가?〉라는 논문을 발표했다. 부모의 배경으로 만들어진 '겉보기 인적 자본'과 본인의 잠재력으로 성장한 '진짜 인적 자본'이라는 개념을 바탕으로 서울대 합격률을 계산했다. 그 결과는 충격적이었다.

본인의 잠재력을 바탕으로 분석한 가상 합격률에서는 지역별로 큰 차이가 나지 않았다. 하지만 부모의 배경이 반영된 실제 서울대 합격률에서는 지역별 차이가 확연히 드러났다. 이것은 현재 대학 입시가 학생의 잠재력보다 부모의 배경이 더 중요하다는 사실을 보여주는 강력한 방증이 아닐까. 광주과학기술원 기초교육

학부 김희삼 교수의 이야기다.

■ **김희삼** | 광주과학기술원 기초교육학부 교수

"더 우수한 학생, 더 잠재력이 큰 학생이 기회를 얻는 것이 아니라 여러 가지 스펙으로 치장되어 있는 학생들이 그 기회를 갖는다고 했을 때는 '인재 적재적소 배치 원칙'에 비추어 봤을 때 효율성에 문제가 생길 수 있습니다. 잠재력이 큰 아이들이 정말 우수한 교수진을 만나 최고의 학업 과정을 받으면 훌륭한 연구자도 나오고, 노벨상 수상자도 나오고 그렇게 되겠죠."

부모의 배경이 만든 인재에 대해서 동국대 교육학과의 조상식 교수는 다음과 같이 말했다.

■ **조상식** | 동국대학교 교육학과 교수

"입시 경쟁이 격화된 사회에서 학부모 집단이 자녀의 미래 준비를 철저히 기획하는 걸 이른바 '디자인 베이비'라고 할 수 있겠지요. 제 생각에 디자인 베이비는 만들어진 인재, 급조된 인재, 지나치게 얘기하면 가짜 인재라고 이야기할 수 있습니다."

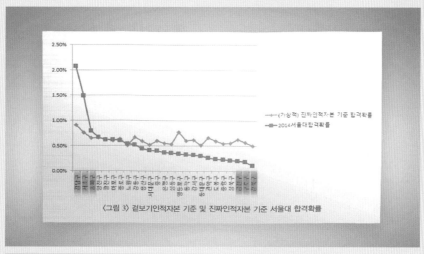

〈그림 3〉 겉보기인적자본 기준 및 진짜인적자본 기준 서울대 합격확률

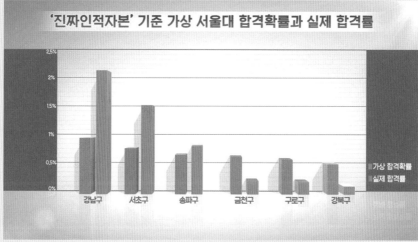

학생의 잠재력이 반영된 가상합격률률에서는 지역적 차이가 적었던 반면, 부모의 배경이 반영된 실제 서울대 합격률에서는 지역별 차이가 확연히 드러났다.

2.

진짜도 가짜도
쓰러진다

번 아웃되는 아이들

부모의 입시 대리전은 한국만의 일이 아니다. 홍콩의 학부모들은 극성스러운 교육열 때문에 '타이거 맘'이라고 불린다. 제작팀은 홍콩의 한 가정을 방문해서 그들의 일과를 살펴보았다.

홍콩 엄마의 스케줄은 빡빡했다. 아침 일찍부터 아이들의 등교를 돕고, 한밤중까지 아이들을 학원에 데려가고 데려오는 일로 하루 일과표가 꽉 차 있었다. 엄마와 아이들의 대화 주제는 온통 시험 성적과 공부에 관한 것이었다. 엄마는 쪽지 시험 하나에도 민감하게 반응했다. 100점이 아니면 절대 만족할 수 없는 듯 보였다. 학원으로 이동할 때도 엄마의 체크는 멈추지 않았다.

"얼마나 틀린 거야? 뭐가 이렇게 많아. 15개나 틀렸어?"

엄마는 계속 아이의 점수를 가지고 나무랐다. "실수를 해서 1점 더 깎였다"라는 아이의 말이 귀에는 들어오지도 않는 것일까. 엄마에게는 오직 점수 결과만이 중요해 보였다. 엄마의 높은 기대가 버겁지만 아이들은 끊임없이 공부할 수밖에 없을 터였다. 그녀는 왜 이렇게까지 아이를 닦달하는 것일까?

■ 홍콩 학부모

"제 두 딸은 적어도, 기본적으로 대학은 나와야 한다고 생각해요. 그게 제가 바라는 최소한의 기대치예요."

그러나 현실은 엄마의 바람이 쉽게 이루어질 수 없는 상황이었다. 홍콩 사회는 오직 극소수만이 명문 대학에 진학할 수 있는 구조였다. 그만큼 경쟁이 치열할 수밖에 없었다. 좋은 학교에 들어가려면 유치원 때부터 과외를 해야 하고, 대학에 가려면 모든 과목에서 A를 받아야 했다. 명문대를 선망하는 것도 학생들이 받는 압박감도 우리의 현실과 별반 다르지 않았다.

그런데 최근 홍콩 사회를 뒤흔드는 충격적인 사건이 일어났다.

극성스러운 '타이거 맘' 등 부모의 입시 전쟁은 홍콩에서도 심각하게 벌어지고 있다.

2015년부터 2016년 1년 사이에 홍콩 학생들이 잇따라 자살을 한 것이다. 여기에는 한 가지 특이한 점이 있었다. 바로 명문대에 진학한 학생들의 자살률이 급격하게 높아졌다는 점이다. 치열한 대학 입시를 거치면서 겪었던 번 아웃이 바로 그 원인이었다.

최근 에벤젤 컬리지의 재학생인 크리시도 친구 한 명을 갑작스럽게 잃었다.

■ **크리시** | 에벤젤 컬리지 재학생

"시험 결과 때문인 것 같아요. 금요일에 그 애와 스포츠 활동을 했어요. 그 애는 행복하게 웃고 있었어요. 그런데 갑자기 무슨 일이 생긴 건지 모르겠어요."

홍콩 명문대 학생들의 자살을 어떻게 보아야 할까?

「사우스 차이나 모닝포스트」 홍콩 데스크의 올가 왕 부편집장의 이야기를 들어 보았다.

■ **올가 왕** | 사우스 차이나 모닝포스트 홍콩 데스크 부편집장

"작년 9월부터 올해 3월까지 학생 22명이 스스로 목숨을 끊었습니다. 심한 경우에는 5일 동안 4명의 학생이 목숨을 끊기도 했습니다. 홍콩 사회는 언론을 통해 지난 6개월간 일어난 학생들의 자살 건수를 접하고 매우 놀랐습니다."

소중한 아이들을 잃고 충격에 빠진 홍콩 사회는 어떤 고민을 하고 있을까? 홍콩의 유니세프에서 제작한 공익광고 하나가 제작진의 눈길을 끌었다. 홍콩 아이들에게 하루에 최소 1시간 정도는 뛰어놀 수 있게 해 줄 것을 권하는 광고였다. 이것은 홍콩 학부모들이 얼마나 공부를 우선시 하는지 여실히 보여 주는 증거처럼 보였다. 뛰어 놀 시간조차 없이 공부에 내몰리는 것, 이것이 홍콩 아이들이 처한 현실이었다.

홍콩 대학교 로빈 멜러커 교수의 연구에 따르면 교도소의 죄수들보다 초등학생들의 야외 활동 시간이 더 적었다. 입시 전쟁 속에서 아이들은 최소한의 놀 시간조차 허락받지 못하고 '사육'당

홍콩 유니세프에서 제작한 한 공익 광고는 아이들이 하루에 최소 1시간 정도는 뛰어놀 수 있게 해줄 것을 권한다.

하다시피 지내고 있었다.

　　홍콩 학생들의 학업 시간도 충격적이긴 마찬가지였다. 국가별로 고등학교 1학년의 학업 시간을 비교해 보면 핀란드가 640시간, 영국이 1,000시간, 미국이 910시간이다. 홍콩은 1,140시간을 기록했다. 하지만 세계에서 가장 많은 시간을 공부하는 나라는 바로 대한민국이다. 한국의 고등학교 1학년 학업 시간은 무려 1,540시간에 달한다.

　　학업 시간이 가장 많은 나라가 대한민국임을 고려한다면 홍콩

홍콩 학생들의 학업 시간도 놀랍지만 세계에서 가장 많은 시간을 공부하는 나라는 대한민국이다.

에서 벌어지고 있는 처참한 일들은 더 이상 홍콩 아이들에게만 해당되는 이야기는 아닐 것이다. 홍콩 자살예방센터의 클라렌스 장 센터장의 말이 우리의 가슴에 파고드는 이유도 바로 이 때문이다.

■ **클라렌스 장** | 홍콩 자살예방센터장

"공부가 자녀의 생명보다 중요한가요? 아이들이 우리의 지시를 따르기만을 바라나요? 우리는 독립적이고 창의적인 세대를 원하는지, 아니면 부모 세대가 내리는 지시를 따르기만 하는 아이들을 원하는지 생각해 봐야 합니다."

'타이거 맘'이라 불리는 부모들의 대리전쟁 속에서 홍콩의 아이들은 지쳐가고 있었다. 아이들의 잇단 죽음 앞에서 홍콩 사회의 고민 또한 깊어가고 있는 듯했다. 그러나 과연 이것이 홍콩만의 문제일까? 우리의 또 다른 현실을 보여주고 있는 것은 아닐까?

로봇 소년이 쓰러진 이유

아이들에게 공부를 강요하거나 과도한 교육을 시킨다고 모두 다 인재로 성장하는 것은 아니다. 홍콩 명문대 학생들의 자살이 보여 주는 것처럼 지나친 교육열은 부작용을 만들어낼 수 있다. 꽃 같은 아이들이 스스로 목숨을 끊을 만큼 심각한 상황을 개인의 문제로만 봐서는 안 되는 이유도 여기에 있다.

세상에 나와 자신의 잠재력을 충분히 발휘하기도 전에 좌절을 겪고 극단적인 선택을 하는 경우는 엘리트 코스를 밟아 대학에 들어간 아이들에게만 일어나는 문제는 아니다. 다음은 2011년에 있었던 로봇을 좋아했던 한 소년의 실제 이야기이다.

소년은 유난히 과학을 좋아했고, 혼자서도 로봇을 뚝딱 만들어 내곤 했다. 전국 로봇 대회에서 1등, 한국 대표로 출전한 국제 로봇 올림피아드에서 3등 상을 수상했다. 로봇 영재의 미래는 밝았다. 소년은 로봇 만들기에 전념하기 위해 전문계 고등학교로 전학했다. 최고의 로봇 전문가가 되고 싶은 꿈은 더욱 깊어졌다.

이후 소년은 그토록 바라던 과학 특성화 대학교에 입학했다. 전문계고 출신으로는 최초였다. 하지만 대학에 들어온 후 로봇에 대한 소년의 꿈과 열정은 곧 벽에 부딪쳤다. 영어로 진행되는 수업들, 복잡한 미적분 수업, 고등학교 때 배우지 못했던 공부들……. 소년은 뒤처지지 않기 위해 매일 새벽까지 공부했다. 코피를 흘리며 열심히 노력했다. 그러나 과학고, 영재고 출신 친구들과의 경쟁 속에서 부모에 의해 만들어진 가짜 인재가 아닌 진짜 재능을 타고난 인재였던 소년은 점점 작아졌다.

2011년 1월의 어느 날, 소년은 쓰러진 채 발견되었다. 사인은 약물 과다 복용이었다. 로봇을 사랑하던 소년의 꿈은 그렇게 1년 만에 사라졌다. 로봇을 사랑했던 소년의 죽음은 우리에게 먹먹한 질문을 던진다.

우리 사회는 아이들의 노력이 꽃을 피우는, 잠재력을 마음껏 발휘할 수 있는 환경을 만들어 주고 있는가? 아이들이 마음껏 창의성을 발휘할 수 있도록 돕는 사회인가? 진짜 인재들이 사회에서 꿈을 펼칠 수 없다면 이들은 어디에서 자신들의 재능을 드러낼 것인가?

로봇을 좋아했던 한 소년은 대학 진학 후 지나친 경쟁 속에서 결국 사라지고 말았다.

3.

진짜 인재의 조건

가짜 인재의 한계

부모의 배경으로 치장한 학생을 '가짜 인재', 본인의 노력과 잠재력으로 성장한 학생을 '진짜 인재'라고 했을 때 이 둘 사이에는 어떤 차이가 있을까? 제작팀은 진짜 인재, 가짜 인재의 차이를 볼 수 있는 자료 하나를 입수했다. KAIST 재학생의 고교 유형별 4년간의 학점 추이를 볼 수 있는 자료였다.

2013년부터 2016년까지 4년간 KAIST에 재학 중인 13학번 학생들의 학점 변화를 살펴보았다. 입학 당시 가장 성적이 우수했던

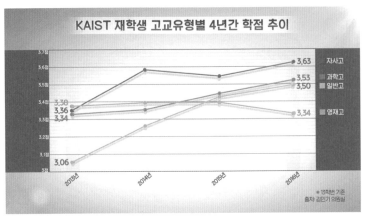

KAIST 재학생 고교 유형별 4년간 학점 추이를 보면, 대학교 2학년을 기점으로 일반고 출신 아이들이 영재고 출신 아이들을 앞지르는 것을 볼 수 있다.

학생들은 영재고등학교 학생들이었다. 영재고 학생들의 학점이 3.38점으로 가장 높았고, 자사고가 3.36점, 과학고가 3.34점으로 그 다음을 이었다. 일반고 학생들의 학점은 3.06점으로 다른 학생들과 상당히 차이가 있었다. 하지만 영재고 학생들의 학점이 갈수록 하락하고, 꼴찌였던 일반고 아이들이 영재고 학생들을 무섭게 추격하기 시작했다. 대학교 2학년을 마칠 즈음에는 완전히 역전한 것을 볼 수 있었다.

영재고에 다니는 대다수의 학생들은 사교육과 선행학습이 밑바탕이 되어 있었다. 이런 이유로 처음에는 일반고 학생들보다 앞설 수 있지만 이 효과는 오래가지 못했다. 수업이 어려워지는 2,

3학년 무렵부터는 부모의 배경이 힘을 잃고 학생 본인의 노력과 잠재력이 빛을 발하기 시작했던 것이다. 다음은 광주과학기술원 지구환경공학부의 김태영 교수의 말이다.

■ **김태영** | 광주과학기술원 지구환경공학부 교수

"과학기술원에 들어오는 일반고 학생들의 많은 불만이 그거예요. 과학고 애들은 선행학습을 받고 들어왔기 때문에 같이 경쟁하려면 자기들이 불리하다고 이야기해요. 먼저 배웠기 때문에 그런 측면이 있죠. 그런데 2학년 때부터 전공에 들어가면 이야기는 달라져요. 과학고에서 아무리 선행학습을 한다지만 전공 수업까지 커버하진 못하거든요. 선행을 한다고 해결할 수 있는 문제들도 아니고요. 각 전공마다 정말 깊이 있는 내용들이 나와요. 미리 배운다고 할 수 있는 것들이 아니죠."

또 다른 교수도 이렇게 말했다.

■ **김영휴(가명)** | A 대학교 교수

"일반고 학생들이 오히려 다양한 생각을 할 수 있습니다. 특목고, 영재고 학생들은 초등학교 때부터 부모가 개입하죠. 제가 보기에 사육당한 인재는 어떤 다양한 경험을 했다 하더라도 스

스로 무언가를 결정하고 실행하는데 익숙하지 않다고 생각합니다. 상당 기간 정해진 대로 양육되었기 때문입니다."

부모의 경제력과 사교육으로 만들어진 학생들은 언젠가는 스스로 결정하고 실행해야 하는 부분에서 벽에 부딪칠 수밖에 없을 것이다. 만들어진 가짜 인재들의 한계를 여실히 보여 주는 대목이다.

고등학교 4학년

그렇다면 진짜 인재의 조건은 무엇일까? 미래를 이끌어 갈 창의적이고 혁신적인 과학 인재 양성이 목표인 한 이공계 대학은 최근 깊은 고민에 빠졌다. 대학에 입학한 아이들은 고교 시절에는 남부럽지 않은 공부 실력을 자랑하던 인재들이었다. 그러나 그들은 시험과 학원, 학교와 독서실이 전부였고, 꿈도 목표도 없는 공부하는 기계나 다름없어 보였다.

그들은 왜 공부를 했던 것일까? 광주과학기술원에 재학 중인 주은이의 이야기를 들어 보았다.

■ 이주은(가명) | 광주과학기술원 재학생

"중학교 3학년 졸업하고 나서 2012년 3월 3일에 과학고에 들어갔어요. 입학식 끝나고 바로 그날 밤, 저녁을 먹고 나니까 독서실에 밀어 넣더라고요. 12시 반까지. 문득 '왜 공부하는 거지? 왜 이렇게 하는 거지?' 그런 생각이 들었어요. 양 옆을 둘러보니까 학생들이 다 미친 듯이 공부하고 있었어요. '왜 공부하지?'하는 생각이 머릿속에 맴돌았지만 좌우의 학생들을 보면서 저도 그냥 따라했던 것 같아요."

다른 아이들도 꿈도 목표도 없이 공부에만 몰입하다가 지친 마음을 표현했다. 다음 내용은 아이들이 드러낸 속내 중 일부다.

'너무 힘들고 우울해요. 열심히 했는데 표가 안 나네요. 죽고 싶어요. 난 안 되나 봐요.'

'엄마, 아빠 미안해요. 난 더 이상 못 버티겠어요. 엄마, 아빠의 기대치를 충족하려니 죽을 것 같아요.'

'우울해요. 열심히 해도 친구들 따라가기가 벅차네요. 저만 멍청한 것 같고 저만 느린 것 같아요.'

'인생에 답이 없어요. 하하하.'

아이들은 꿈도 목표도 없이 공부하는 기계가 되어 버린 것이 아닐까?

소영이는 공부의 목적도 모른 채 그냥 주어진 것을 했을 뿐이라고 털어놓았다.

■ **최소영** | 광주과학기술원 재학생

"고등학교에 들어갔더니 선생님이 이런 말씀을 하셨어요. '과학고에 와서 너희가 과학에 대해서 뭔가를 배울 것 같고 연구하고 그럴 것 같지? 아니야, 너희는 지금부터 대입을 향해 달려갈 거야'라고요. '공부라는 건 내가 하고 싶어서 하는 게 아니라 그냥 주어졌으니까 하는 거야'라는 게 짧은 시간에 효과적으로 학습된 것 같아요. 대학에 왔지만 원래 가지고 있었던 과학에 대한 호기심, 그런 걸 다시 되살려내기가 힘든 것 같아요. 중학교 때나 어렸을 때 했어야 했던 그런 것들을요."

우수한 인재들이 가득한 과학고, 그곳에 다니는 아이들은 공부다운 공부를 하고 있는 것일까? 제작진은 OECD가 주관하는 피사 PISA, 국제학업성취도평가시험을 통해, 과학고 아이들이 과학에 대한 흥미를 잃은 지 이미 오래되었음을 확인할 수 있었다. 과학 점수는 최상위권이지만 '과학의 즐거움' 지수는 OECD평균에 한참을 못 미친다. OECD평균 지수는 0.02인데 반해 한국 학생들의 즐거움 지수는 -0.14에 불과했다.

그렇다면 혼자 힘으로 과학 문제를 현실에 적용시켜 보는 능력은 어떻게 나타났을까? 신문 기사를 읽고 그 기사가 기초로 하고 있는 과학 문제를 파악하는 항목의 OECD평균은 21.2%였다. 대한민국의 평균은 12.9%를 기록했다. 지진 발생의 이유를 과학적으로 설명하는 항목에서는 10%이상 낮은 수치를 보였다. OECD평균은 33.5%인데 반해 대한민국의 평균은 21.3%였다. 환경의 변화가 특정 생물 종의 생존에 미치는 영향을 예측하는 항목 또한 17.7%로 OECD평균인 23.5%보다 낮았다. 식품의 겉면에 적힌 과학 정보를 해석하는 것 역시 OECD평균이 20.0%인데 반해 대한민국 평균은 9.6%를 기록해 큰 차이를 보였다.

한국의 아이들은 과학에 대한 즐거움도 잃었고, 혼자 힘으로 무언가를 해 나가는 능력도 떨어졌다. 왜 이런 결과들이 나오는 걸까? 광주과학기술원의 김준하, 송우근 교수는 부모에 의해 계획대로 길러진 아이들의 문제점을 언급했다.

■ **김준하** | 광주과학기술원 지구환경공학부 교수

"의사만 되면, 검사만 되면, 서울대만 들어가면, 명문대만 들어가면……. 그런 한 방을 꿈꾸게 하는 거죠. 목표 주사라고 하는 걸 맞으면서 버텨 온 거예요. 저 목표만 넘으면, 저 목표만 넘으면 하면서요. 그런데 그 목표 주사가 없어지니까 약효과도 떨어

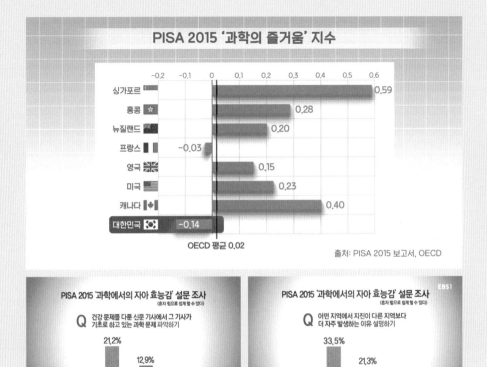

PISA 2015 과학 관련 조사에 따르면, 한국의 아이들은 과학에 대한 즐거움도 잃었고, 혼자 힘으로
무언가를 해 나가는 능력도 떨어졌다.

지는 거죠. 대학교에 들어오면 자기가 모든 걸 알아서 해야 해요. 아무도 안 가르쳐줘요. 수강 신청도 혼자 해야 하니, 엄마한테 전화하는 애들도 있어요. 학과 선택도 혼자 해야 하니, 또 엄마한테 전화를 하죠."

■ **송우근** | 광주과학기술원 생명과학부 교수

"극단적으로 말씀드리면 공부 외에는 잘 하는 게 없습니다. 할 줄 아는 게 공부, 경쟁, 내 성적이죠. 이건 대학생이라기보다는 고등학교 4학년이라고 해야죠. 계속적으로 경쟁과 성적에 몰두하다 보니 공부 외의 것들, 교실 밖에서 배울 수 있는 것들이 주어지지 않았죠."

똑똑한 양떼

예일대 교수였던 윌리엄 데레저위츠William Deresiewicz는 진짜 인재를 키우지 못하는 미국 교육 시스템의 문제점을 줄곧 지적해 왔다. 그의 저서 『똑똑한 양떼』는 미국 사회에 뜨거운 논란을 불러일으켰다. 명문대에 들어가기 위한 치열한 입시 교육이 양떼처럼 순응하는 '가짜 인재'를 길러내고 있다는 주장이었다.

전 예일대 교수 윌리엄 데레저위츠의 저서 『똑똑한 양떼』. 가짜 인재는 양떼처럼 왜, 어디로 가야 하는지도 모른 채 앞서 나가기만 한다.

제작진은 윌리엄 데레저위츠 교수를 만나 그의 생각을 들을 수 있었다.

■ **윌리엄 데레저위츠** | 작가, 전 예일대 교수

"만일 당신이 어린 시절부터 18~20세까지 매일 같은 일만 한다면 그 일을 굉장히 잘 하게 될 것입니다. 그래서 학생들은 완벽한 시험 점수를 받고 완벽한 페이퍼논문을 쓸 수 있는 것입니다. 그들을 양이라고 비유한 건 스스로를 이끌지 못하고 남들이 시키는 일만 하기 때문만은 아닙니다. 양들은 패닉 상태가 되면 특정 방향으로만 달립니다. 제가 가르쳤던 학생들은 졸업이 다가오자 이런 모습을 보였습니다. 그들은 보통 법, 의료, 금융, 컨설팅 중 한 가지를 선택했습니다. 양떼에 묻혀 같은 방향

으로 달린 것이죠. 왜 그런 선택을 했는지 생각하지 않은 상태에서 말입니다. 제가 제 자신이나 학생들을 몽유병 환자나 좀비라고 표현한 이유도 어디로 가는지도 모른 채 계속 가기만 하기 때문입니다. 학생들은 그저 어른들이 시킨 일을 할 뿐입니다. 저는 안전한 선택만을 하지 않을 수 있는 용기를 키우는 게 중요하다고 봅니다. 이것은 곧 부모님에게 저항할 수 있는 용기를 의미하기도 합니다."

미국 엘리트 교육의 상징인 아이비리그는 엄청나게 비싼 학비 때문에 부모의 경제력이 필수 조건이다. 그리고 부유한 부모들은 자신의 자녀를 어릴 때부터 정해진 코스에 따라 키운다. 명문대 입학을 위해서다. 이런 방식이 결과적으로 자녀의 좋은 성적을 이끌어낼지는 모르지만 계획하에 키워진 아이가 과연 창의적이고 비판적인 사고를 할 수 있을까. 부모에 의해 키워진 양떼는, 스스로 생각할 줄 모르는 양떼일 뿐이다. 그렇다면 우리는 미래에 어떤 인재들을 기대할 수 있을까?

4.

미래의
인재들

아낌없이 주는 빵

       광주과학기술원의 교육과정에는 한 가지 독특한 것이 있다. '무한도전'이라는 프로젝트다. 학교는 주어진 길로만 걸어 온 아이들에게 마음껏 도전하고 실패할 수 있는 기회를 주기로 했다. 제작팀은 프로젝트를 진행하는 몇몇 팀을 만나 보았다.

    무한도전 프로젝트로 모인 아이들이 하나 둘 가방을 열었다. 가방에서 꺼내는 물건들이 심상치 않았다. 계란, 밀가루, 탈지분유, 소금, 제과 제빵 기능사 책……. 과학 공부나 실험과는 거리

광주과학기술원 학생들은 '무한도전' 프로젝트를 통해 난생 처음 빵을 만드는 체험을 하고 있다.

가 멀어 보였다. 이 프로그램에 참가한 학생의 말이다.

■ **배근수** | 광주과학기술원 재학생

"정적인 공부만 해 왔던 제 자신한테 다른 경험을 하게 해 주고 싶었어요. 마침 이 프로젝트가 눈에 들어오더라고요. 아침에 빵을 제공하자는 발상이 정말 좋아보였어요. 딱 느낌이 왔어요."

줄곧 공부만 해 왔던 학생들이다 보니 빵을 만드는 것은 생전 처음이었다. 어설픈 실력 때문에 제대로 된 빵을 만들지는 못했지만 학생들은 싱글 벙글 웃는 얼굴이었다. 마치 놀이에 빠진 것처럼 즐거워보였다. 평생 자신을 위해 공부만 해 왔던 아이들이 친구들을 위해 '아낌없이 주는 빵'을 만들었다. 시험 대비까지 해야 하는 바쁜 와중에 준비한 따뜻한 빵이었다. 메뉴는 SNS를 통해 친구들에게 사전 공지했다.

밤새 공부를 해도 학점 따기가 쉽지 않은 이 학교에서 공부와 아무 관련이 없는 빵을 만드는 일은 어쩌면 학생들에게 무모한 도전일지도 모른다. 전공과 상관없는 딴 짓을 하며 아이들은 무엇을 얻었을까? 선웅이는 이런 말을 했다.

■ **문선웅** | 광주과학기술원 재학생

"내 앞에 쭉 뻗어 있는 정해진 삶이랑 계획된 길을 걷고 있다가 샛길을 선택한 것 같다고나 할까요. 꿈이랑 전혀 상관 없는 길 이지만 마치 샛길을 걸을 때처럼 다양한 것을 경험하게 해 주 었던 프로젝트였어요."

선웅이를 비롯해 학생들은 스스럼없이 즐기는 듯 보였다. 그렇다면 학교가 '마음껏 도전하고 실패하라!'고 말하며 공부와는 상관없는 6개월간의 딴 짓 프로젝트를 진행한 이유는 무엇이었을까? 왜 이런 교육 실험을 하게 되었을까? 김희삼 교수의 의견을 들어 보았다.

■ **김희삼** | 광주과학기술원 기초교육학부 교수

"만약 아이들이 이 시기에 이런 기회를 갖지 못한다면 언제 가질 수 있을까요? 정규 트랙을 벗어난 어떤 자유로운 생각이나 창의적인 생각, 혹은 다른 면에서 도전할 수 있는 기회가 공식적으로 주어지는 일이 흔하지 않을 겁니다."

실패하면서 배운다

제작팀은 무한도전 프로젝트에 참가하고 있는 또 다른 팀을 찾아갔다. 늦은 밤에도 한창 공부 중인 '수업 혁신 연구' 팀이었다. 이 팀은 기존의 대학 수업 방식을 분석해서 미래 인재를 키우는 데 적합한 수업 모델을 개발하겠다는 포부로 뭉쳤다고 했다. 수업 혁신 연구팀의 동우는 프로젝트에 참여하게 된 이유를 말했다.

■ **김동우** | 광주과학기술원 재학생

"지금까지 그냥 휩쓸리듯 살아왔다는 생각이 들어요. 제가 무엇인가를 하고 싶어서 이것을 선택하고, 하고 싶은 공부라서 공부한 게 아니었다는 생각이 들었어요. 그런데 무한도전 프로젝

공부와는 상관 없는 도전을 통해 아이들은 실패하면서 배우고 창의적인 세계로 나아간다.

트는 어쨌든 자의로 선택한 거잖아요. 이런 일이 나중에 어떤 결과를 낳을지 모르겠지만 앞으로 어떤 힘든 일이 닥쳐도 해낼 수 있다는 자신감이랄까, 나의 성장이랄까, 이런 걸 얻을 수 있을 것 같아요."

주입식의 지루한 대학 강의에 실망한 학생들은 재미와 학업 성취라는 두 마리의 토끼를 다 잡을 수 있는 새로운 수업 모델을 만들어 보기로 했다. 그리고 실제 고등학생들을 대상으로 임상 실험을 하기로 했다. 수업을 준비하는 모습도 실제처럼 진지하고 열성적이었다.

수업을 듣던 친구들은 강의하는 친구를 위해 부족한 점을 메모해서 피드백을 주었다. 고등학생을 대상으로 실제 수업을 할 때 발생할 수 있는 실수나 돌발 상황에 대비하기 위해서였다. 지금까지 배우는 학생의 입장이었다가 가르치는 교사가 된 학생들은 말투부터 시작해서 신경 쓰고 챙겨야 할 게 한두 가지가 아닐 터였다.

드디어 오랜 준비 끝에 첫 번째 수업일이 다가왔다. 제작진도 수업 혁신 연구팀이 수업하는 모습을 지켜보았다. 먼저, 기존의 학교에서 흔히 볼 수 있는 '강의 중심형 수업'이 진행되었다. 과목은 고2를 대상으로 하는 수리 논술이었다. 처음이라 그런지 어려운 수학 수업임에도 고등학생들은 집중하는 모습을 보였다. 하지만 금방 하품이 속출하고 조는 학생도 눈에 띄게 늘어났다. 쉬는 시간 10분이 주어지자 교실은 금세 수면실로 바뀌었다. 기존 방식으로 수업을 진행했던 한솔이는 이렇게 말했다.

■ **고한솔** | 광주과학기술원 재학생

"'아–' 이런 탄식만 계속 나왔어요. 초반부에서 후반부로 진행될수록 조는 아이들이 늘어났잖아요. 그걸 보면서 한편으로는 '성공이다'라는 마음이 들기도 했어요."

또 다른 고등학교에서 진행된 수업은 '학습 동기를 촉진하는 협동학습' 모델이었다. 일방적인 주입식 강의가 아니라 학생들의 참여와 협동으로 문제를 해결하는 방식이었다. 이 수업의 임시 선생님은 리현이었다. 리현은 "모르겠으면 저한테 물어봐도 되고 친구한테 물어봐도 돼요. 저한테 얼마든지 힌트 달라고 하세요. 빠른 시간 안에 풀 수 있는 문제가 아닙니다. 논술 문제예요"라고 말하며 수업을 이끌어갔다.

수업을 듣던 고등학생들의 모습이 변하기 시작했다. 교실이 조금씩 시끌벅적해졌다. 같은 반 친구들을 모두 경쟁자로 여기며 혼자 하는 공부에 익숙했던 학생들이 친구들과 협력해서 문제를 풀기 시작했다.

교사는 학생들에게 정답을 알려 주는 대신 답을 직접 찾을 수 있도록 안내해 주었다. 문제 푸는 방법을 이해하지 못한 학생도 있었지만 시간이 갈수록 기분 좋은 변화가 계속되었다. 학생들도 즐거워 보였다. 수업을 마치며 선생님에게 보내는 인사도 우렁찼다.

전공에서 좋은 성적을 받고 연구원이 되는 게 과학기술원 학생들의 정해진 코스지만 이제 이들은 정해진 코스가 아닌 다른 길에 대해서도 생각하게 되었다. 실패가 뒤따르는 도전이야말로 이들의 출발점이었다. 학생들은 무한도전 프로젝트를 통해 자신

광주과학기술원은 재학생들에게 실제 고등학생을 대상으로 하는 실험을 할 수 있도록 하는 등 다양한 장을 마련하고 있다.

이 하고 싶은 일이 뭔지 조금씩 알아가고 있는 듯했다. 입시에 치여 잊고 있었던 꿈과 열정을 찾아나가기 시작한 것이다. 학생들의 심경에 어떤 변화가 온 것일까? 김준하 교수의 이야기를 들어보았다.

■ **김준하** | 광주과학기술원 지구환경공학부 교수

"이 아이들이 4년이라는 대학 생활을 하는 동안에 정말 많은 실패를 경험해 보도록 하는 게 목적이었어요. 무한도전을 해라. 너희가 한 번 도전하고 싶은 것을 다 해 봐라. 하지만 내심 다 잘 될 리가 없다는 건 알고 있었지요. 그게 목표였습니다."

실패를 미리 경험해 본 만큼 좀 더 창의력이 있고 적극적인 인재로 성장할 가능성이 더 커지는 것은 아닐까? 실패를 모르고 세상에 나가면 단 한 번의 실패에도 움츠러들고 말 것이다. 창의적인 미래 인재 양성을 목표로 시작된 과학기술원의 '무한도전 프로젝트'는 학생들이 생전 처음 마음껏 딴 짓에 도전할 수 있도록 격려해 주었다. 물론 프로젝트가 진행된 6개월 동안 목표를 성취했던 것보다는 실패가 더 많았다. 그 과정에서 학생들은 인재가 되는 길을 찾았을까? 무한도전 프로젝트에 참여했던 학생들은 다음과 같은 고백을 했다.

■ **김동우** | 광주과학기술원 재학생

"6개월 전이었다면 가짜 인재였다고 말했겠지만 지금은 진짜 인재라고 말하고 싶어요. 열정도 있고, 뭔가 할 수 있을 것 같은 그런 느낌도 들어요."

■ **박수현** | 광주과학기술원 재학생

"모르겠어요. 취업도 못할 수도 있고 백수가 될 수도 있겠고 연구도 못할 수도 있겠지만, 저는 그래도 지금 이 순간에는 매일매일 더 나은 사람이 되고 있다고 생각해요."

■ **최소영** | 광주과학기술원 재학생

"저는 진짜 인재가 되고 싶은데요. 저, 진짜 인재와 가짜 인재의 그 중간 어디쯤에 있지 않을까요?"

학생들은 자신이 가짜 인재인지 진짜 인재인지 아직 잘 모르겠지만 진짜 인재가 되기 위한 자신의 길을 가고 싶다고 이구동성으로 말했다. 아이들에게 필요한 것은 무패 성공 신화가 아니라 실수하고 실패할 수 있는 있는 자유로운 시간인지도 모른다.

진짜 인재가 되는 길

▌　　세계적인 미래학자이자 다빈치 연구소 소장인 토머스 프레이Thomas Frey는 20년 이내에 전 세계 대학의 절반이 문을 닫을 것이라고 단언했다. 제작팀은 미국 콜로라도 주 다빈치 연구소를 찾아 가 그의 이야기를 들었다. 먼저 그가 꼽은 미래의 유망 직업 50가지를 살펴보았다. 유산 관리자, 기념비 디자이너, 대학 해체자, 데이터 인질 전문가, 컴퓨터 성격 디자이너, 에너지 저장 전문가, 기억상실 외과의, 멸종 소생가 등……. 듣기만 해도 생소하고 낯선 직업들이었다. 4차 산업혁명이 이끄는 미래 사회에는 과연

어떤 인재들이 살아남을까?

■ **토머스 프레이** | 다빈치 연구소 소장

"누군가 미래에 필요한 핵심적인 기술을 갖고 있다고 한다면 그 사람은 바로 탄력적이고, 유연하며, 투지가 넘치고 지략이 있는 사람일 것입니다. 우리가 하지 말아야 할 것은 모든 아이들을 같은 교실에 몰아 놓는 것입니다. 이것은 우리에게 맞지 않습니다. 학생들의 흥미와 관심을 고려한 맞춤식 교육 환경을 만드는 게 중요합니다. 그들이 편안하게 느끼는 속도와 주제하에 학습이 진행되어야 하고, 학생들이 잘못할 때 질책하기보다는 도와주고 조언해 주며 독려해 주어야 합니다."

미래 인재의 조건은 다양하다. 그러나 한 가지 분명한 것은 부모가 대학 입시를 위해 디자인 해 온 아이들은 진짜 인재와 거리가 멀다는 사실이다. 알파고 쇼크와 함께 4차 산업혁명이 성큼 다가왔다. 사람들은 머지않아 지금 학교에서 배우는 대부분의 지식이 쓸모없어질 것이라 전망한다. 동시에 창의적인 인재만이 살아남을 것이라고 단언한다. '진짜 인재'에 대해 더 깊은 물음이 필요한 시점이다.

경제력과 정보력으로 무장한 부모가
대신 뛰어야 성공할 수 있는 시대,
그것이 대한민국의 입시 현실이다.
열심히 노력한 만큼 결실을 얻을 수 있던 시절이
우리에게도 있었다. 부모의 격차가 아이에게
대물림 되지 않는 사회, 공정한 경쟁과 평등한 기회가
상식이 되는 사회, 아이들이 자신의 잠재력을
마음껏 발휘할 수 있는 환경을 만들어 주는
사회를 꿈꾸어 본다.

6장

대학 입시,
불편한
진실을
넘어서

EBS 다큐프라임
대학입시의 진실

POLICE LINE   이 선을 넘지마시오!

1. 대학 입시 제도의 현주소

변화는 가능할까?

우리나라처럼 명문 대학 입학이 평생의 운명을 결정하고, 사회·경제적인 혜택을 보장해 주는 보증 수표로 통하는 사회는 드물 것이다. 그렇기 때문에 대학 입시 제도의 형평성과 공정성은 국민 최대의 화두이자 사회적으로 중요한 논란거리일 수밖에 없다.

지난해 4월, 새 정부 출범을 앞두고 '교육 공약'을 검증하기 위해 '19대 대선 후보 (사)교육 공약 평가' 국민 100인 평가단의 컨퍼런스가 진행되었다. 초미의 관심사는 단연 대학 입시였다.

2017년 4월 새정부 출범을 앞두고 열린 교육 공약 컨퍼런스 현장에서 만난 학부모, 학생, 교사의 목소리에는 답답함이 묻어났다.

■ **장준호** | 경인교육대학교 교수

"대학 입시와 관련된 공약은 기본적으로 단순화하는 방향으로 제시했고요. 대입 제도를 운영하는 데는 학생들이 3년 동안 열심히 만든 학생부가 대입에 잘 반영되고, 그 교육 과정이 잘 평가될 수 있도록 설계했습니다."

대학 입시 전쟁의 최전선에 있는 학부모와 학생, 교사들의 목소리는 절박하다 못해 처절했다. 교육의 방향성에 대해 참석자들의 의견 발표와 질문이 쏟아졌다.

"가능성이 있다고 생각하세요?"

"대치동은 면접 대비로 끓어오르고 있습니다, 지금."

"엄마들이 수학 같은 경우에는 초등학교 2학년부터 사교육을 시켜요."

"감옥 같아요. 다들 공감하시죠?"

대학 입시에 얽힌 진실들은 고통스럽고 불편하기만 하다. 과연 무엇이 어떻게 바뀌어야 할까? 이에 대해 이현 교육전문가의 이야기를 들어보자.

■ **이현** | 교육전문가

"부모의 지위와 관계없이 학생의 노력과 능력만 가지고 경쟁하게 해라. 공정하고 개방적인 경쟁을 하게 해라. 그리고 단순한 경쟁의 결과로 승복할 수 있는 경쟁을 해라. 이것입니다."

동국대 교육학과의 조상식 교수는 다음과 같이 말했다.

■ **조상식** | 동국대학교 교육학과 교수

"교육 불평등이 심화되면 한국 사회의 계층·집단 간의 갈등이 격화될 것입니다. 그것은 사회적 통합 문제의 위기로 다가오지

학벌 사회, 서열 사회. 대학 입시에 얽힌 불편한 진실은 어떻게 바뀔 수 있을까?

않을까 합니다."

　제작진은 지난 1년 6개월에 걸친 취재를 통해 대한민국의 교육 불평등이 어떻게 시작되었고 얼마나 심화되었는지, 그 뿌리를 파헤쳐 보았다. 또 현재의 대학 입시 제도가 과연 공정한 기회의 관문이 되고 있는지 누구에게나 열려 있는 사회 이동의 사다리가 되고 있는지 냉정하게 바라보았다.

　우리가 목도한 대한민국은 기회의 불평등으로 희망의 격차를 불러 오고, 계층 이동이 막힌 '닫힌 사회'를 향하고 있었다. 개인의 노력과 능력이 배신당하지 않는 사회, 같은 출발선에서 시작함으로써 공정한 경쟁이 가능한 사회에 대한 요구가 어느 때보다 절실한 시점이다. 이런 상황에서 대학 입시 제도는 어떤 역할을 해야 할까?

서울과 지역 간의 불공평

지난 1년 6개월 간, 제작진은 전국을 달리며 대학 입시와 관련된 각종 정보를 제보해 준 학생들을 찾아다녔다. 그리고 지방 소재의 일반 고등학교에서 대입을 준비하는 학생들의 안타까운 현실과 대면했다. 지방에서 만난 한솔이는 이렇게 말했다.

■ **오한솔(가명)** | 고등학생

"일단 서울 아이들은 저희하고 다르다고 생각해요. 다른 세계에 있는 사람이에요. 왜냐하면 서울에 있는 애들은 더 좋은 환경에 있잖아요. 제가 살고 있는 전남에서는 제일 큰 학원이라고 해 봤자 뛰어난 선생님이 있는 것도 아니고, 정보력도 별로 없어요. 사실 인서울 대학들이 입시설명회를 한다고 해도 서울 아이들은 그냥 가면 되지만 저 같은 경우는 찾아가는 것 자체도 쉽지 않아요. 버스를 타고 서울에 가려면 최소 왕복 8시간이 걸

려요. 교통비도 한 10만원 들고요. 그러니까 그런 게 있어도 차라리 여기서 공부나 해야지 하는 생각을 하는 거죠."

서울 학생들이 50m 앞을 걷고 있다면 자신들은 출발점에 서 있는 것 같다는 것이 한솔이의 이야기였다. 준희도 서울 학생들과 지방 학생들 사이에는 불공평한 점이 있다는 의견에 동의했다.

■ **김준희(가명)** | 고등학생

"지방에서는 봉사 활동을 하려고 해도 도서관 정도밖에 없어요. 진로와 연계된 활동을 하고 싶어도 하기 힘든 환경이에요. 대학 간 선배들이 그러더라고요. 자기 친구들 중에 들으면 알 만한 서울권 외고 출신들이 있대요. 그 친구들이 학생부종합전형으로 대학에 붙었는데, 생활기록부를 보면 통역 봉사, 대법원 봉사 그런 게 써 있대요. 봉사부터 질적으로 다른 거예요. 교내 활동도 그렇고 외부 활동, 그리고 밀어 주는 대회 등 그런 것들 자체가 다르니까 일단 거기에서부터 너무 불리한 것 같아요."

외부 활동, 동아리 활동에서부터 불리하고 차이가 난다는 의견은 또 있었다. 지민이의 이야기를 들어보자.

■ **신지민(가명)** | 고등학생

"보통 서울 애들은 생활기록부에 기록되게 동아리를 네다섯 개 한대요. 어떻게 동아리를 네다섯 개나 할 수 있는지 모르겠거든요. 보통 1년에 동아리 하나밖에 활동하지 않아요? 그런데 그런 얘기를 들었을 때 약간 멍했어요. 아, 여기서부터 차이가 나는구나. 서울 애들은 뭘 많이 하는구나 하는 생각들이 들었어요. 그리고 동아리도 전공에 적합한 활동들을 하라고 하는데 정말 뭘 해야 하는지도 모르겠어요."

서울에 사는 아이들에게는 당연한 듯 주어지는 혜택이었지만 지방에 있는 아이들에게는 그 혜택이 아득하고 멀었다. 공평함은 사라지고 없었다.

지역균형선발전형의 허점

서울대학교에서는 지난 2005학년도부터 지역 불균형을 완화하고, 학생들에게 공정한 기회를 주기 위한 방안으로 '지역균형선발전형'을 국내 최초로 도입했다. 그 취지대로 지역균형선발전형은 잘 시행되고 있는 것일까? 이를 확인하기 위해 제작진은

2016학년도 지역균형선발전형으로 서울대학교에 들어간 학생의 비율을 살펴보았다. 자사고가 6.2%, 자공고가 7.9%였고 일반고 출신이 85.9%를 차지했다. 자사고·특목고에 비해 일반고의 합격 비율이 압도적이었다.

그렇다면 지역 분포는 어떨까? 서울은 무려 28%였다. 그 중 강남3구 출신이 6%를 차지하고 있었다. 그에 비해 지방의 비율은 부산 5%, 전남 4%, 전북 4%, 대전 4%, 강원 2% 등 강남3구보다도 낮은 비율을 보였다. 강남 3구를 포함한 서울 출신의 입학생 비율이 부산과 대전 등 대도시를 포함한 9개 지역 출신을 합친 것보다 더 높았다.

게다가 2016년을 기준으로 부산 인구는 351만여 명, 강남 3구는 167만여 명이었다. 강남 3구는 부산 인구의 절반보다도 적다. 그러나 서울대생은 더 많이 배출했다. 이현 교육전문가는 이런 불평등을 해소하기 위해서는 내신 전형의 확대가 필요하다고 언급했다.

■ **이현** | 교육전문가

"내신으로 뽑는 비중 자체가 확보돼야 일반고에 유리해지는 거죠. 지금 서울대가 지역균형선발전형을 실시할 때 입학사정관제로 서류 평가를 해요. 하지만 이전에는 1단계를 내신만 가지

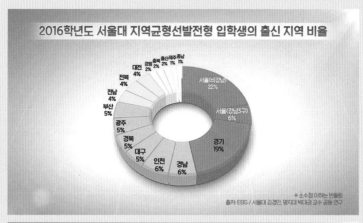

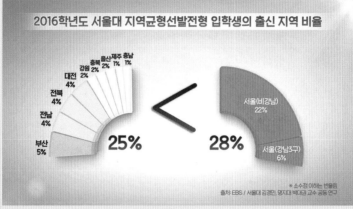

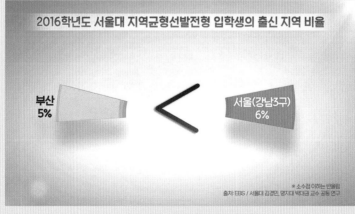

서울대 지역균형선발전형 결과, 서울 출신 학생의 합격률이 부산과 대전 등 9개 지역을 합친 비율보다 높다.

고 뽑았습니다. 그때 서울대 지역균형선발전형 합격자의 99%가 일반고였습니다. 99%가요. 그러니까 내신 전형으로 뽑는 비중을 넓히는 것만으로도 일반고에게는 엄청난 위력을 주는 것입니다."

2006학년도부터 11년간 서울대학교의 지역균형선발 입학생의 출신고 유형을 분석해 본 결과, 2012학년도까지는 일반고가 99% 이상 차지한 것을 볼 수 있었다. 내신 성적만 100% 반영되었을 때는 일반고에 유리한 전형이었다.

하지만 입학사정관제가 적용되자 일반고의 하락세가 뚜렷하게 나타났다. 2013년도부터 바로 90% 이하로 떨어지기 시작한 것이다. 주목할 점은 그 사이에 자사고 출신이 늘었다는 점이다. 지역균형선발전형의 허점과 틈새를 이용해 자사고가 일반고의 자리를 꿰차기 시작했다. 이현 전문가의 말을 계속 들어보자.

■ **이현** | 교육전문가

"교장 추천과 학생부 내신 성적으로 서울 소재의 대학에 들어간 지역 학생들이 있어요. 그런데 학생들이 이런 지역균형선발전형 학생들, 농어촌 학생들을 배려해서 선발한 기회균등선발전형 학생들을 벌레라고 부릅니다. 이들이 자라서 한국 사

06~16학년도 서울대 지역균형선발전형 입학생의 고교 유형별 비율

구분	일반고	자사고	자공고	특목고	특성화고	비고
06학년도	99.6%			0.4%		1단계 내신 성적 100%
07학년도	99.5%	0.1%			0.4%	
08학년도	99.3%	0.1%		0.1%	0.5%	
09학년도	98.6%			0.4%	1.0%	
10학년도	99.9%				0.1%	1단계 내신 성적 100%, 2단계 입학사정관제 적용
11학년도	99.9%				0.1%	
12학년도	100%					단계별 폐지, 입학사정관제 전면 적용
13학년도	88.2%	5.2%	6.6%			
14학년도	87.0%	6.4%	6.6%			
15학년도	85.9%	6.2%	7.9%			
16학년도	85.9%	6.2%	7.9%			

출처: 연도별 서울대 수시모집결과 보도자료

06~16학년도 서울대 지역균형선발전형 입학생의 고교 유형별 비율

구분	일반고	자사고	자공고	특목고	특성화고	비고
06학년도	99.6%			0.4%		1단계 내신 성적 100%
07학년도	99.5%	0.1%			0.4%	
08학년도	99.3%	0.1%		0.1%	0.5%	
09학년도	98.6%			0.4%	1.0%	
10학년도	99.9%				0.1%	1단계 내신 성적 100%, 2단계 입학사정관제 적용
11학년도	99.9%				0.1%	
12학년도	100%					단계별 폐지, 입학사정관제 전면 적용
13학년도	88.2%	5.2%	6.6%			
14학년도	87.0%	6.4%	6.6%			
15학년도	85.9%	6.2%	7.9%			
16학년도	85.9%	6.2%	7.9%			

출처: 연도별 서울대 수시모집결과 보도자료

06~16학년도 서울대 지역균형선발전형 입학생의 고교 유형별 비율

구분	일반고	자사고	자공고	특목고	특성화고	비고
06학년도	99.6%			0.4%		1단계 내신 성적 100%
07학년도	99.5%	0.1%			0.4%	
08학년도	99.3%	0.1%		0.1%	0.5%	
09학년도	98.6%			0.4%	1.0%	
10학년도	99.9%				0.1%	1단계 내신 성적 100%, 2단계 입학사정관제 적용
11학년도	99.9%				0.1%	
12학년도	100%					단계별 폐지, 입학사정관제 전면 적용
13학년도	88.2%	5.2%	6.6%			
14학년도	87.0%	6.4%	6.6%			
15학년도	85.9%	6.2%	7.9%			
16학년도	85.9%	6.2%	7.9%			

출처: 연도별 서울대 수시모집결과 보도자료

06~16학년도 서울대 지역균형선발전형 입학생의 고교 유형별 비율을 보면, 내신 성적을 적용했을 때는 일반고에 유리하나 입학사정관제가 적용되자 일반고가 하락하고 자사고 합격률이 늘어난 것을 확인할 수 있다.

회의 특권층이 될 텐데 그때 그들이 이 사회에 대해서나 비특권층에 대해서 어떤 태도를 가질까요? 어쩌면 우리는 잘못된 입시 제도와 잘못된 사회 특권층 형성 과정을 통해서 아이들을 잘못 키우고 있고, 어두운 사회를 만들어 가고 있는 것일지도 모릅니다."

2.

일반 고등학교의
현실

교육 격차를 해소하려면

대학 입시 제도로 인해 점점 심해지는 지역 격차, 그것을 해결하기 위해 내놓은 대안들에도 불구하고 계속 불거지는 논쟁들. 지역 격차는 어떤 악순환의 고리를 만들어 내는 것일까?

제작팀은 동부산과 서부산을 다시 비교해 보았다. 부산의 부유층이 거주하는 동부산과 서민들이 거주하는 서부산 사이에도 지역 격차가 존재한다. 게다가 시간이 흐를수록 두 지역 간의 교육 격차는 점점 벌어지고 있는 실정이다. 부산교육대학교 교육학과의 성병창 교수의 말이다.

■ **성병창** | 부산교육대학교 교육학과 교수

"교육 격차 지수를 비교해 보니까 전반적으로 동서 간 격차가 나는 것으로 나타났습니다. 동쪽이 서쪽보다 교육 상태 여건들이 좋다, 이렇게 나타났고요."

이것은 교육 격차 지수를 보면 여실히 드러난다. 동부산은 열악함과 양호함의 기준이 되는 50점보다 높은 점수가 많은 반면, 서부산에는 낮은 점수가 몰려 있었다. 그 중에서도 격차가 가장 큰 해운대구와 영도구의 사교육비를 비교해 보았다.

한 달 사교육비로 70만 원 이상 쓰는 가구는 해운대구가 영도구보다 2배나 많다. 사교육비의 차이는 곧 교육 격차로 이어진다. 해운대구는 영도구에 비해 기초 학력 미달 학생이 2.3배나 적다. 하지만 우수 학력 학생은 영도구보다 2.2배나 많았다.

대입 전쟁에서 정보에 소외되고 부모 배경에 밀린 약자의 또 다른 이름은 '지방' 그리고 '일반고'였다. 심지어 같은 부산 안에서도 서부산은 사교육과 거리가 먼 데다 일반고가 많았으며 교육 환경도 열악했다.

그런 서부산에 학교가 하나 생겼다. 교육 격차를 해소하겠다는 목표로 과학고를 설립한 것이었다. 곧 우수한 학생들이 모여 들었고, 학교는 서부산 지역의 명문고가 되었다. 하지만 교육 격차 해소에는 실패했다. 도대체 무슨 일이 벌어진 걸까? 성병창 교수는 이에 대해 다음과 같이 말했다.

■ **성병창** | 부산교육대학 교육학과 교수

"서부산권을 발전시킨다고 하면 다양한 방식이 있을 거예요. 그런데 그중에 특목고를 하나, 과학고를 하나 설립하면 그 지역이 잘 될 거라고 생각하다니 그건 아니죠. 지금 그 학교에 누가 가겠어요. 해운대 지역의 아이들이 다 가요. 그러면 서부산 지역 아이들은 어떻게 되겠어요? 바로 옆에 있는 학교를 놔두고 다른 학교에 가야 해요. 그럼 어찌 됩니까? 상대적 박탈감이 더 클 수가 있어요."

교육 격차를 해소하기 위해서 과학고를 세웠는데 그것이 오히려 그 지역 학생들에게 상실감을 주었다는 이야기다. 교육 정책을 생각할 때 단순히 특목고를 세워서 교육의 질을 향상시키겠다는 생각은 버려야 하며, 그것보다는 기존의 일반고를 튼튼하게 만드는 것이 가장 중요하다는 게 그의 주장이었다.

일반고 몰락의 심각성

부산의 일반고들은 어떻게 몰락해 갔을까? 2000년에만 해도 부산에서 서울대학교 입학생을 10명 이상 배출한 일반고가 많았다. 하지만 일반고의 수 자체도 갈수록 줄었고 서울대학교에 학생을 8명 이상 보낸 학교의 수도 줄었다. 2015년에는 서울대학교에 8명 이상의 학생을 보낸 학교 중에서 일반고의 이름은 찾을 수 없게 되었다. 자사고와 특목고만 남았다. 부산 만덕고의 전기홍 교사의 이야기를 들어 보았다.

■ **전기홍** | 부산 만덕 고등학교 교사

"일반 인문계고의 몰락, 이런 이야기까지 기사화 될 정도였으니까 어느 정도 부정할 수 없죠. 이것이 현실인 것 같아요. 이 문제를 어떻게 극복해 나가야 하는가에 대한 대안으로 자꾸 특목고를 따라가는 방법으로 극복하려고 하는데요. 저는 그것은 정말 현실성 없는 대안이라고 생각합니다. 일반 인문계 고등학교가 가지고 있는 특색 있는 활동과 그 내용을 자신만의 영역으로 만들어서 차별성을 두어야죠. 이것들이 입시에서 긍정적인 전망을 보여줄 때 일반 인문계고가 살아날 수 있을 거라는 생각이 듭니다."

교육 도시로 유명한 대구의 현실은 더욱 심각하다. 2000년에는 10명 이상의 학생을 서울대학교에 보낸 학교가 무척 많았으며 모두 일반고였다. 하지만 2015년에는 8명 이상의 학생을 서울대학교에 보낸 학교는 단 두 곳뿐이었다. 그것조차 일반고는 하나였고, 다른 하나는 특목고가 그 자리를 꿰찼다.

대전 역시 일반고의 몰락을 확연히 보여 준다. 2000년에는 10명 이상의 서울대학교 합격생을 배출한 학교는 총 11개였는데, 그 중 10곳이 일반고였고 1곳만이 특목고였다. 그러나 2015년에는 8명 이상의 학생을 서울대학교에 보낸 학교는 단 세 곳뿐이었으며 모두 자사고·특목고였다. 일반고는 보이지 않았다. 다음은 서울대 환경대학원 김경민 교수의 말이다.

■ **김경민** | 서울대학교 환경대학원 교수

"예전에는 서울대에 들어가는 지방 도시의 학생 수가 굉장히 많았어요. 그런데 어느 순간부터 줄어들기 시작했어요. 지금은 대도시임에도 불구하고 대전, 부산, 대구 같은 곳에서도 서울대 합격생을 8명 이상 배출한 고등학교가 2~3개 밖에 되지 않아요. 이건 굉장히 심각한 문제예요. 결국은 지방에서조차 어느 정도 재력이 있는 집의 아이들은 특목고, 자사고에 가는 것이고 그렇게 서울대에 가는 루트가 만들어졌다는 걸 얘기하죠. 이건

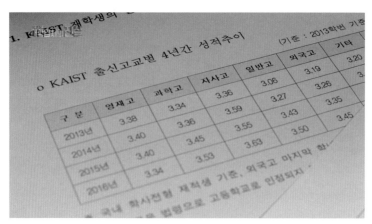

구분	영재고	과학고	자사고	일반고	외국고	기타
2013년	3.38	3.34	3.36	3.06	3.19	3.20
2014년	3.40	3.36	3.59	3.27	3.26	3.
2015년	3.40	3.45	3.55	3.43	3.35	
2016년	3.34	3.53	3.63	3.50	3.45	

과학특성화 대학 학점 추이를 보면, 2학년을 마칠 즈음이면 일반고 출신 학생들의 성적 역전을 볼 수 있다.

소득 격차가 교육 격차를 확대시키는 것을, 서울보다 지방에서

더 단적으로 보여주는 예라고 봅니다."

흙 속에 있는 진주

　　대도시 부산에서조차 일반고는 몰락하고 있다. 그렇다면

일반고 아이들은 '버리는 카드'에 불과할까? 제작진은 2013년부

터 2016년까지 특목고 출신이 많은 한 과학특성화 대학교 재학생

들의 학점 변화를 살펴보았다. 13학번을 기준으로 4년간의 자료

를 분석한 결과, 놀라운 사실을 발견했다.

자사고는 입학 당시 학점이 3.36, 과학고는 3.34, 영재고는 3.38, 일반고는 3.06이었다. 가장 높은 점수를 받은 학생은 영재고 출신 아이들이었고, 일반고 출신 아이들이 가장 낮은 점수를 받았다. 하지만 2학년을 마칠 즈음에는 꼴찌였던 일반고 아이들이 영재고 출신들을 완전히 역전했다. 영재고 출신 아이들의 학점은 3.34였고 일반고 출신 아이들의 학점은 3.50이었다.

어떻게 이런 일이 가능했을까? 1학년 때는 사교육과 선행학습의 효과로 영재고 출신이 앞선다. 하지만 그 효과는 2, 3학년이 되면 서서히 사라지게 되고 학생들 간의 공정한 경쟁이 시작된다. 부모의 배경과 사교육에 잠식당했던 일반고 출신 아이들의 노력과 잠재력이 제대로 발휘되는 것이다. 대입 제도에 가려져 있던 일반고 아이들의 잠재력은 말 그대로 흙 속의 진주가 아닐까.

3. 대학 입시의 격차, 어떻게 극복할까?

고등학교가 중요하다?

자식을 키우는 부모 입장이라면 '흙수저'니 '헬조선'이니 하는 유행어가 불편하게 다가올 것이다. 출생과 동시에 신분이 정해졌던 과거처럼 부모가 누구냐에 따라 아이들의 수저 색깔이 정해진다고 생각해 보라. '나는 아이들에게 어떤 신분을 대물림했나?' 하는 생각이 들 수밖에 없지 않을까? 부모의 배경이 대입 시험의 격차로 나타나는 지금, 이 격차를 극복할 수 있는 방법은 없는 것일까?

어떤 고등학교를 가느냐에 따라 대학 입시의 성패가 결정되는 현실에 학부모들의 마음은 더욱 암담하다.

　　많은 학부모들이 공통적으로 얘기했던 것처럼 요즘은 어떤 고등학교를 가느냐에 따라 대학 입시의 성패가 좌우된다. 특히 대입 제도가 학생부종합전형으로 변화하며 신흥 입시 명문으로 떠오른 최강자는 다름 아닌 자사고와 특목고다. 한 학부모는 다음과 같이 말했다.

- **정미진(가명)** | 학부모

"학교 역량이 굉장히 크다는 걸 애들 고1, 고3 보내면서 알았어요. 그렇게 중요한 줄 알았다면 특목고 좀 밑의 학교라도 보낼 걸 그랬나 후회했죠. 일반 고등학교에서 가르치시는 선생님들도 애들을 보면서 '찌꺼기'라는 느낌이 들 것 같고, 가르친다고 애들이 대학에 갈 수 있을까 그런 생각을 할 것 같아요."

또 다른 학부모는 이렇게 말했다.

■ 심은정(가명) | 학부모

"특목고를 준비하기 위해서 초등학교 3학년이, 수학은 이미 고등학교 과정을 공부하고 있다는 거죠. 그래서 초등학교 6학년이 되면 이미 고등학교 3학년 과정까지를 몇 바퀴 반복해서 돌고 있는 걸 봤어요. 그걸 보니까 '아, 이렇게 하고 있구나'라고 생각했죠."

같은 지역의 2km내에 있는 한 일반고와 외고는 서로 다른 양상을 띠며 변화해 왔다. 2000년에만 하더라도 서울대학교에 40명 넘는 학생들을 입학시키던 일반고는 급격히 몰락의 길을 걸었다. 특히 2008년부터는 서울대학교에 한두 명을 보낸 게 고작이었다. 반면 외고는 2000년대 초반부터 서울대학교 합격자를 배출하기 시작하더니 금방 일반고를 역전했다. 이후 꾸준히 15~20명 정도의 서울대학교 합격생을 배출하고 있다.

그런데 이런 특목고·자사고는 가고 싶다고 갈 수 있는 학교가

고교유형별 연간 1인당 창의적 체험활동비 비교

평균 734,390원

11.2배

65,280원
서울 공립
일반고

302,290원
외국어고

602,157원
자사고

978,834원
영재고
과학고

1,054,280원
국제고

※ '학교알리미' 「학교 예산 기준(2015년)」
출처: 재단법인 우리교육연구소

특목고의 창의적 체험활동비는 일반고의 11배가 넘으며, 이는 학생부의 두께에 고스란히 반영된다.

아니다. 왜냐하면 일반고의 1년 학비는 106만 원이지만 자사고
와 외고, 국제고는 1년 학비가 800만 원을 넘기 때문이다. 일반고
학비와 비교했을 때 8배 이상 차이가 난다. 아이가 실력이 있더라
도 부모가 비싼 학비를 댈 수 없다면 자사고, 외고, 국제고에 가기
는 힘들다는 말이다.

지금껏 잘 알려지지 않은 사실은 또 있었다. 제작진은 학비에
이어 학생부에 반영되는 '창의적 체험활동'에 쓰이는 비용도 비
교해 보았다. 그 결과, 외고가 302,290원, 자사고가 602,157원,
영재고와 과학고가 978,834원, 국제고가 1,054,280원을 쓰고

있음을 확인할 수 있었다. 이들 학교의 창의적 체험활동비의 평균은 734,390원이었다.

반면 일반고의 창의적 체험활동비는 겨우 65,280원이었다. 외고, 특목고에서 쓰는 비용과 비교했을 때 11.2배의 차이를 보였다. 무려 11배가 넘는 이 차이는 고스란히 학생부의 두께와 질을 결정하게 된다. 다음은 이현 교육전문가의 말이다.

■ **이현** | 교육전문가

"이런 식의 전형은 백화점에서 산 71만 원짜리 옷하고 시장 통의 리어카 위에 있던 옷을 두고 '두 개 중에 어느 옷 가져갈래?'라고 묻는 거나 마찬가지예요. 그래놓고 학생부를 가지고 학생들을 뽑으라고 이야기를 하니 특목고 학생들이 많이 뽑힐 수밖에 없는 거죠. '선발의 공정성이 취약하다. 특목고, 자사고가 많이 뽑힌다'는 이야기가 나오는 이유는 사교육 이전에 공교육비가 다르기 때문입니다. 돈의 게임이 다른 겁니다."

제작진은 서울과 수도권 4년제 대학에 재학 중인 학생들의 학생부 136부를 분석해 보았다. 그 중에서 같은 지역, 같은 내신 등급의 두 학생을 찾았다. 출신 고등학교가 특목고와 일반고로 학교 유형만 달랐다. 과연 이들의 학생부에는 어떤 차이가 있을까?

■ 비교 케이스 Profile l 비슷한 지역, 성적, 학생부 분량, 다른 고등학교 유형

구분		일반고 CASE	특목고 CASE
비교기준	고등학교 유형	일반고	특목고
동일	성별	남성	남성
	출신고등학교	수도권 소재 사립 고등학교	수도권 소재 국/공립 고등학교
	고등학교과	문과	문과
	학생부 분량	26페이지	26페이지
	내신등급	3등급	3등급

■ 창의적 체험활동상황 비교

구분	일반고 CASE	특목고 CASE
페이지수	8.2페이지	7페이지
자율활동	195시간 / 17회	386시간 / 20회
동아리활동	207시간 / 6회	138시간 / 10회
봉사활동	173시간 / 59회	162시간 / 188회
진로활동	105시간 / 11회	67시간 / 22회
상세 기재내용 비교	자율활동 : 학급 환경 부장으로 교내 생경과 에너지 절약에 앞장섬. 야동 수업 시 전등, 선풍기, 냉방기, 온풍기를 당번이 아님에도 자발적으로 확인하고 관리하여 급우들에게 에너지 절약을 솔선수범하여 보여 줌.	자율활동 : <다문화가정 청소년들의 자아존중감 측정 및 분석>이라는 주제로 자율연구를 수행함. 일반고와 특목고 교육과정의 차이점과 자아존중감 관련 설문을 설계하고 직접 지역센터를 방문하여 다문화가정 청소년 200명을 대상으로 설문조사를 진행함. 또 다문화가정 청소년이 처한 상황을 더 심층적으로 파악하기 위하여 설문조사 참여자 중 4명을 선정하여 추후 인터뷰를 진행함. 설문조사 참여자수가 적어 설문조사 분석결과를 일반화 시키기 어렵다는 한계가 있음에도, 이를 심층 인터뷰논문 자료로 보완하여 논리적이고 완성도 높은 연구 보고서를 작성함.

■ 눈에 띄는 특목고/자율고 교내 프로그램 : 창의적 체험활동상황

구분		내용상세
사립 자율고등학교	자율활동	미 권역 고등학교와의 화상회의 수업 / 타 고등학교와 스포츠 친선교류전 / 미국 00대학의 초청 특강 / 미국 00대학교 교수 특강
	동아리활동	교내 스포츠 클럽 요가 / 교내 스포츠 활동 골프
	봉사활동	의료봉사활동
	진로활동	00의 역사 과정 선배와 진로상담 / 00부 장관 특강
사립 특목고등학교 (국제고)	자율활동	모의 유엔 총회에 대표로 참여 / 한국과 유럽의 국가간 문화 비교 연구 영어논문 작성
	동아리활동	00구성 <학교 오케스트라 운영사업>에 선정, 악기별 전문 강사 집중 지도 / 00기별 음악회에서 공연
	봉사활동	재학동요회관 위문공연
	진로활동	주한 00대사 초청 특강 / 헌직 검사 특강 / 헌직 변호사 특강 / 미국 00대학교 교수 영어 면접 특강 / 외국 학생과 온·오프라인 교류 / 00금융투자 CEO 공연
사립 특목고등학교 (외고)	자율활동	일본 00고등학교 방문 학생 학교 안내 도우미 활동 / 중국문화체험 및 교류활동에 참여하여 중국 내 유적지를 답방하고 중국 00고등학교 학생들과 교류
	동아리활동	80시 주최 청소년 포럼에 참가하여 캠페인 활동 우 수료로 받음.
	봉사활동	00행 협력난제 000기구 유아 구호단 교류 참여 / 00부와 000연대 주최 봉사리더 아카데미 교육 참가 / 봉사평가
	진로활동	미국 변호사 초청 특강 / 미국 00대 교수 특강

특목고 학생의 학생부 기록 내용은 더욱 구체적일뿐더러 학부모나 학교의 인적 네트워크를 활용한 교내 프로그램 역시 매우 전문적이다.

두 학생의 창의적 체험활동란을 살펴보았다. 분량은 일반고의 학생부가 더 많았다. 하지만 일반고 학생의 학생부는 그저 단순하게 나열하는 방식으로 기술된 데 반해 특목고 학생의 학생부 내용은 더 구체적이었다.

특히 우리는 특목고의 교내 프로그램을 보고 놀라움을 감추지 못했다. 미국 ○○주 하원위원 초청 특강, ○○부 장관 특강, 주한 ○○대사 초청 특강, ○○금융투자 CEO강연, 유엔 협력단체 ○○기구 주관 글로벌 교육 참여, 미국 영사관 초청 특강……. 학부모나 학교의 인적 네트워크를 활용한 전문적인 활동들이 눈에 띄었다.

학교 안에서, 공교육도 학생부의 격차를 만들어 내고 있었다. 그런데 문제는 학생부의 격차를 만들어 내는 것이 이것만이 아니라는 점이다. 원인은 학교 밖에도 있다. 바로 사교육이다.

대학 입시를 컨설팅하다

제작진은 최근 대치동에서 잘 나간다는 학생부 컨설팅 업체를 찾아가 컨설팅 비용을 알아보았다. 1학년 때부터 컨설팅이 들어가면 1년 단위로 1,000만 원의 비용이 든다. 기본 컨설팅보다 좀 더 비싼 것은 횟수에 따라 5,000만 원 그 이상이 들기도 한다. 비용에 따라서 컨설팅의 내용도 완전히 달라진다는 것이 사교육 관계자의 말이었다.

그 중 한 학생의 컨설팅 교육 신청서를 자세히 살펴보았다. 교과, 비교과 관리가 각각 800만 원씩이었다. 거기에 발명에 관련된 것이 240만 원, 특허 300만 원, 사업 계획서 240만 원, 마케팅 1,000만 원, 소논문 240만 원, 동아리 활동 360만 원, 전문가 참여 300만 원, 책 저술이 800만 원이었다. 발명품을 만들고 특허에 마케팅, 소논문 등까지 준비하는 총 비용은 무려 3천 4백 8십만 원이었다.

학교 밖에서는 대학에 가기 위해 어마어마한 컨설팅 비용이 지불되고 있었다. 결국 학생부는 학교 안과 밖에서 부모의 배경과 투자에 비례한 결과물이었다. 명지대 청소년지도학과 박대권 교수는 다음과 같이 말했다.

■ **박대권** | 명지대학교 청소년지도학과 교수

"저는 정보력이 입시에 영향력을 주지 않는 게 맞는 것 같아요. 그게 공정하죠. 정보력은 집단으로 할 수 있는 게 아니라 어떻게 보면 개인이 학원이나 사설 업체에 돈을 주고 얻을 수 있는 것이기 때문이에요. 그 정보력이라는 게 고등학교 단계에서 대학 가는 데, 입시 단계에 영향을 준다는 것, 그건 진짜 공정하지 못한 것 같아요. 입시 제도가 잘못된 게 아닌가 싶어요."

대학 입시에 정보력이 영향을 준다는 사실은 그만큼 현 대학 입시가 복잡하다는 것을 뜻한다. 지금의 우리나라 대학 입시 제도는 복잡한 것을 넘어서 어렵기까지 하다는 게 다수의 목소리다.

깜깜이 전형

지금의 대학 입시 제도는 얼마나 복잡한 것일까? 조사 결과, 2015년 기준으로 전국 215개 4년제 대학의 전형 방법은 무려 871개였다. 상황이 이렇다 보니 학부모와 학생들은 혼란스럽기만 하다. 수많은 트랙 속에서 대학에 갈 방법을 찾기 위해서는 사교육에 의지해야 하고 비싼 비용을 주더라도 정보를 살 수밖에 없다.

대학마다 전형 방법도, 인재를 뽑는 기준도, 원하는 인재상도 다 다르다. 학생들은 자신이 가고자 하는 대학의 전형 방법부터 시작해서 여러 가지 정보를 찾아야 하고, 거기에 맞추어 자기소개서를 각기 다르게 써야 할 뿐만 아니라 면접도 하나하나 준비해야 한다. 학생부종합전형으로 대학에 가려고 하는 학생의 부담은 상상을 초월할 정도다.

어려움을 겪는 건 학부모도 마찬가지다. 전형이 너무 많기 때문에 아이에게 무엇이 딱 맞는지 객관적으로 알기 어렵다. 아이들이 그런 것처럼 학부모도 대학교별, 과별 전형을 다 찾아보아야 한다. 자료를 봐도 알 수 없는 부분이 있을 때는 막막하기만 하다.

제작진은 대입 제도를 가장 잘 안다는 고등학교 진로 진학 담당 교사들을 대상으로 '진로 진학 지도에 가장 어려운 점이 무엇인가?'라는 설문 조사를 실시했다. 경희대학교 평화의 전당에서 열린 '진로진학 설명회'에 온 교사들 총 1,268명이 설문에 응답해 주었다.

분석 결과 교사의 50% 이상이 수시 전형이 늘어난 데 대해서, 대학별 전형이 너무 많고 복잡해서 진학 지도가 어렵다고 답했다. 한경대 교양학부 강창동 교수의 이야기를 들어보자.

■ **강창동** | 한경대학교 교양학부 교수

"교육적으로 봤을 때 현 제도가 가장 복잡하고 가장 어렵고 학생들에게 입시 부담을 가장 많이 주고 있습니다. 그리고 현 제도를 '깜깜이 전형'이라고 부르는데, 말하자면 입시 결과에 대한 객관적인 근거가 없으니까 학부모 입장에서는 공정성을 의심하는 거죠. 거기에서 이런 이름까지 나온 거예요. 해방 이후

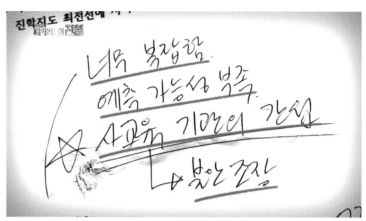

대학마다 전형 방법도, 인재를 뽑는 기준도 다 달라 학생, 학부모, 교사들은 혼란스럽다.

대학 입시 체제에서 이렇게까지 많은 비판을 받고 말이 많은
제도는, 제가 보기에는 거의 처음인 것 같습니다."

4.

학생부의 실체

학생부의 양과 질을 결정하는 것

아이들의 입시를 도와주는 학부모들은 대입 전형에 대해 얼마나 알고 있을까? 입시 전문가의 도움을 받아 문제를 출제하고 학부모들을 대상으로 모의고사를 진행했다. 추린 문제는 모두 25문항이었고 상, 중, 하로 난이도를 조절했다. 제주를 포함한 전국의 학부모 1,500명이 이 모의고사를 풀었다.

학부모들의 시험 결과는 예상보다 좋지 않았다. 점수는 대도시로 갈수록 높았는데, 서울 지역의 평균은 전체 평균보다도 점수가 높았다. 특히 강남 3구는 가장 높은 점수대를 기록했다. 월평균 소득이 높을수록 점수도 높다는 점이 확인되었다. 특히 전업주부인 엄마의 점수는 평균보다 약 4점이나 높았다. 이현 교육전문가는 이렇게 말했다.

■ **이현** | 교육전문가

"지금의 국제중, 특목고, 자사고 가는 아이들의 부모 배경은 1번은 돈이 있어야 되고요. 돈이 없으면 안 되는 거죠. 2번은 엄마가 똑똑해야 됩니다. 많은 정보를 소화하고 취사선택해서 아이들의 길을 잡아 줘야 하니까 똑똑하셔야 됩니다. 학벌 좋은 부모가 돼야 되고요. 3번은 시간이 있어야 합니다. 그냥 돈 많고 학벌만 좋아서 되는 게 아니라 많은 돈 가지고 아이들 쫓아다닐 만한 시간적인 여유가 되는 엄마가 되어야 하는 겁니다."

학부모들의 시험 점수에서 드러나는 격차, 이 차이들은 어디에서 오는 걸까? 고득점을 받은 엄마들은 주로 학원 설명회, 학부형들과의 대화에서 정보를 많이 얻는다. 학교에서 얻는 정보는 거의 없다. 반면 학부모 모의고사에서 저득점을 받은 한 엄마는 이렇게 말했다.

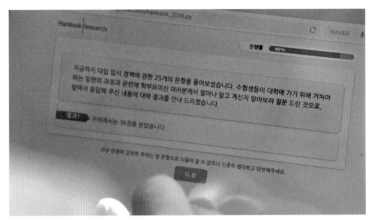

1,500명 학부모를 대상으로 실시한 대입 전형 모의고사 결과, 부모의 경제력과 정보력이 학생부의 양과 질에 중요한 영향을 미치고 있었다.

■ **지선희(가명)** | 학부모

"자식한테 좀 미안했어요. 엄마가 이런 상식도 모르는데 '너 대학 어떻게 갈 거야?' 이런 말 할 자격이 없구나 싶었죠. 대학이 우리 때처럼 아이 혼자 가는 게 아니고, 부모가 관심이 없으면 애들이 대학 들어가는 게 힘들고 지치겠더라고요."

가톨릭대 심리학과 정윤경 교수의 말을 들어 보았다.

■ **정윤경** | 가톨릭대 심리학과 교수

"정부의 교육 정책이든 그 어떤 노력도 부모의 마음을 이기지는 못해요. 교육 제도는 계속 바뀌어왔잖아요. 대학 입시 제도는 바뀌었지만 사교육은 더 심해지고, 대학 가기는 더 어려워지고, 부모와 아이들은 더 불행해졌어요. 왜냐하면 기본적으로 부모는 '내 아이가 다른 애들보다 투자를 해 주지 못해서 떨어지면 어떡하지' 하는 불안함 마음, 그 다음에 '내가 이걸 해 주지 못해서 우리 애가 불이익을 당하면 어떡하지' 하는 자신의 부족함에 대한 죄책감이 있기 때문이에요. 이런 부모들의 마음을 다스려 주지 못하면 교육 정책은 아무런 의미가 없어요."

현재 대학 입시 당락을 좌우하는 학생부는 더 이상 학생 본인의 노력에 달린 게 아니다. 학생부의 양과 질을 결정하는 건 부모의 배경과 소득, 그리고 투자다. 그렇게 만들어진 학생부가 학생을 선발하는 중요한 평가 자료로 활용되는 것이 현 대학 입시 제도의 민낯이다.

비도덕적인 학생부

다른 나라의 학생부는 우리의 것과 조금 다르다. 일본, 미국, 독일, 프랑스 네 나라의 진학 담당자에게 우리나라 학생의 학생부 하나를 번역해서 보여 주었다. 학생부를 읽어 본 그들의 반응은 가지각색이었다. 한 프랑스 교사는 놀라움을 표했고, 일본의 어떤 연구원은 방대한 양에 당혹스러움을 감추지 못했다. 한 가지 공통적인 반응은 자신의 나라와는 차이가 있다는 것이었다. 다음은 프랑스의 잔다르크 고등학교의 질 아마뉴 교장의 말이다.

■ **질 아마뉴** | 프랑스의 잔다르크 고등학교 교장

"프랑스 것보다는 훨씬 복잡해요. 프랑스의 학생부는 아주 간결하죠. 몇 분만 봐도 학생을 평가하는 데 중요한 몇 가지 요소를 걸러 낼 수 있어요. 반대로 한국의 학생부는 굉장히 조밀해요. 기록되어 있는 능력의 가짓수가 아주 많은데다 이 능력들은 학업과는 큰 관계가 없는 교과 외 역량들인 경우가 많네요."

독일의 케플러 김나지움 학교의 요하네스 쉥크 교사는 또 이렇게 말했다.

■ **요하네스 쉥크** | 독일의 케플러 김나지움 고등학교 교사

"문제는 이 정보들이 어느 정도로 유효한가 하는 것입니다. 어떻게 만들어졌는지, 여기에 쓰인 것들이 다 사실인가 하는 부분입니다."

<표 Ⅴ-2> 학교생활기록부(혹은 학생 리포트) 목적 및 내용

구분		한국	일본	미국	독일	프랑스	호주
내용 및 항목	인적사항	O	O	O	O	O	O
	학적사항	O	O	X	O	O	O
	출결사항	O	O	O	O	O	O
	수상경력	O	O	X	X	X	X
	자격증 및 인증 취득상황	O	O	X	X	O	X
	진로희망사항	O	O	X	X	O	X
	창의적 체험활동	O	O	X	X	X	X
	교과학습발달	O	O	O	O	O	O
	독서활동	O	X	O	X	X	X
	행동특성 및 종합의견	O	O	O	X	O	X

학생부 국제비교를 보면 타 국가는 주로 검증되고 수치화될 수 있는 항목을 기록하고 있다.

학생부를 다른 나라와 비교했을 때 수상 경력, 자격증 및 인증 취득 상황, 창의적 체험활동, 독서 활동 등 10개 항목이 모두 기록된 건 우리나라뿐이었다. 호주나 프랑스, 독일, 미국은 대부분 검증되고 수치화될 수 있는 항목만 단순하게 기록하고 있었다.

너무 복잡하고 어려운 대입 전형을 아이 혼자서는 준비할 수도, 경쟁에서 이길 수도 없다. 그 때문에 엄마들은 불안 속에서 사교육에 의지해 대리전을 펼친다.

이번 EBS 다큐프라임 「대학 입시의 진실」 방송이 나간 후 한 학부모에게서 제보가 들어왔다. 학생부와 관련된 제보 내용은 놀라웠다.

■ **이유림(가명)** | 학부모

"예전에 아이 학교에서 '독서 기록 활동 상황'을 쓰는 사이트가 있었어요. 책을 읽고 감상문처럼 쓰는 것이었는데 선생님이 부반장인 저희 애한테 그것을 맡기셨더라고요. 그걸 포맷에 맞춰서 해 오라고요. 선생님이 다 하시려다 보니까 시간이 안 된 거겠죠. 그런데 그 때 애가 수행 평가라든가 해야 할 게 좀 많았어요. 그러다 보니까 보다 못해서 제가 도와주었죠. 사실 보면서 선생님이 원망스럽다거나 이런 생각보다는 오자도 많고 띄어쓰기도 제대로 안 되어 있다, 그런 생각만 들었어요."

다음은 중부대 교육행정경영학과의 안선회 교수의 말이다.

■ **안선회** | 중부대학교 교육행정경영학과 교수

"학생부 종합전형이 우리나라의 모든 고등학교 교사들, 학생들, 학부모를 도덕적 딜레마에 빠지게 하고 있어요. 갈등에 빠지게 한다는 말이에요. 자기 능력대로 있는 사실만 쓴다면 다른 애들이나 다른 학교에 뒤질 거 아니예요. 결과적으로 대학에 합격할 가능성이 떨어지겠죠. 내가 더 부풀리고, 내가 더 사교육의 도움을 받고, 부모가 더 개입하고, 또 교사가 더 기록을 부풀리거나 사실과 다른 내용을 써주면 대학 입학 가능성이, 좋은 대학에 갈 가능성이 더 커지지 않습니까? 사교육의 도움을 받거나 아니면 거짓말을 해야 나에게 유리한 이런 사회를 경험하고, 그런 경험을 통해 자신에게 혜택이 온다는 것을 알아버린 학생들이 성장하면 어떻겠습니까? 어떤 사회 체제를 만들겠습니까? 어떻게 행동하겠습니까?"

다양성이 필요하다

격차는 어느 사회, 어느 시대에나 존재한다. 문제는 우리나라에서 벌어지고 있는 격차는 학생들에게 동기를 부여하고 노력하게 만드는 건강한 불평등, 건강한 격차가 아니라는 사실이다. 비슷한 배경을 가진 아이들이 명문대 입학을 독점하고 사회 요직을 차지하게 될 때 학교는 질문하는 힘을 잃어버린다. 사회는 더디게 발전한다. 성장의 원동력이 바로 다양성에 있기 때문이다.

교육 불평등과 격차가 심화되면서 우리가 잃어버리는 것은 단순히 신분 이동으로 상징되는 개천의 용이 아니라 다양성이 아닐까? 대학 입시 엘리트 코스의 정점이자 전국의 인재들이 모이는 서울대학교에는 지역적·사회경제적 다양성이 어느 정도나 존재할까?

대한민국 입시의 정점인 서울대. 이곳에는 과연 다양한 인재가 모여 있을까?

　제작진은 1970년부터 2003년까지의 서울대학교 사회과학대 신입생의 출신 지역을 살펴보았다. 가장 높은 비율을 차지하는 것은 단연 서울 출신으로 서울 편중 현상을 확인할 수 있었다.

　이 시기를 다시 예비고사·본고사와 학력고사, 수능의 세 시대로 나누어 분석해 보았다. 예비고사기는 서울과 지방의 격차가 가장 컸던 시기이다. 대입이 학력고사와 수능으로 바뀌며 그 격차가 다소 감소하기는 했지만 서울의 독주는 꺾인 적이 없었다.

　분석 결과, 소득과 직업의 격차는 분명히 존재했다. 지역 간의 격차도 있었다. 서울이 지방보다 합격률이 더 높았던 것이다. 서울에서도 강북과 강남 사이의 지역 격차가 존재했다. 이런 격차는 시간이 흐르면서 계속 심화되었다.

이것은 서울대학교 사회과학대만을 대상으로 한 것이기 때문에 대상을 좀 더 넓힐 필요가 있었다. 제작진은 서울대학교 전체를 대상으로 신입생의 출신 지역을 분석해 보았다.

1999년부터 최근까지 17년간 서울대 전체 신입생의 출신 지역 분포를 분석해 본 결과, 서울과 지방의 격차가 더욱 벌어지고 있음을 알 수 있었다. 서울이 독주를 하는 반면, 지방은 몰락을 향해 가고 있었다.

■ **김경민** | 서울대학교 환경대학원 교수

"소득이 높은 집의 아이들이 교육성과가 높고 소위 명문대에 갈 수 있는 확률이 계속 증가하고 있다면, 어떻게 보면 그들만의 리그가 형성될 가능성이 높다는 의미이지요. 보다 다양성 있는 사회를 만드는 것, 거기에서 가장 중요한 게 교육이고요. 교육이 사회를 보여주는 것이기 때문에 교육 시스템 안에서도 다양성을 확보해야 한다고 생각해요."

5.
더 나은 사회가
되어야 하는 이유

학생부종합전형, 이대로 괜찮은가?

부모의 배경, 학교의 유형에 따라 학생부의 내용이 달라지고 있다. 학생부종합전형에 대한 평가는 현재 극과 극으로 치닫는다. 부작용에 대한 논란도, 장점을 옹호하는 목소리도 팽팽하게 갈린다.

학부모들은 자신의 부족함으로 인해 아이들의 인생이 나락으로 떨어지지 않을까 불안해한다. 부모가 경제력이 없으면 대학 입시 레이스를 시작할 수도 없는 것이 현실이기 때문이다. 어떤 학부모들은 차라리 옛날로 돌아갔으면 하고 바라기도 한다. 시험을 치고 그걸 점수화하는 것이 훨씬 낫다는 것이다.

확실히 학생부종합전형은 객관화된 수치로 나타나지 않는다. 지원한 대학에 떨어져서 그 이유를 물어도 뚜렷한 대답은 돌아오지 않는다. 학생 입장에서는 대학의 학생 선발에 대한 공정성에 의문을 품을 수밖에 없다.

지방에서 아이들을 가르치고 있는 한 선생님의 말은 현재의 대학 입시 제도에 대해 많은 것을 생각하게 한다.

"학생부를 공정하다고 믿는 교사들도, 학생들도 없어요. 학생 자신도 보기 좋게 만들어진 자신의 학생부를 보고 흐뭇해하면서도 동시에 쑥스러울 거예요. 교사들의 경우, 특히 지방 고등학교에서는 한 학생의 학생부에 모든 것을 다 밀어주지 않으면 명문대에는 한 명도 보낼 수 없어요. 그게 현실입니다."

그렇다면 부모의 배경과 소득의 영향을 받지 않고 노력한 만큼 공정한 평가, 정직한 결과를 얻을 수 있는 대입 제도는 무엇일까? 제작진은 교육 일선의 전문가들을 만나 물어보았다. 먼저 서울대 경제학부 김대일 교수는 다음과 같이 말했다.

■ **김대일** | 서울대학교 경제학부 교수

"굳이 바꾼다면 저는 본고사 체제가 낫다고 생각합니다. 본고

사를 보면 사교육이 없어질 거냐. 물론 그렇지는 않죠. 옛날에
도 사교육은 있었습니다. 그래도 지금보다 사교육이 이렇게 성
행하지는 않았죠. 본고사 체제로 돌아간다면 사교육의 영역은
좀 적어질 거라고 기대할 수 있습니다. 또 사교육을 받더라도
학생들의 지적 능력을 배양하는 데 도움이 되는 걸 배우는 그
런 결과가 나올 거라고 생각합니다."

반면, 한경대 교양학부의 강창동 교수는 현재 입시 제도의 문
제점을 지적하며 다른 의견을 내놓았다.

■ **강창동** | 한경대학교 교양학부 교수

"우리나라 입시 체제는 모든 걸 다 가지려고 해요. 학교 교과도
해야 하고 창의력도 해야 하고 이것도 해야 하고 저것도 해야
하니까 문제가 복잡해집니다. 그러니까 저도 다른 분들의 의견
에 공감하는 부분은 입시 체제를 단순하게 하자는 거예요. 단순
한 건 학력고사 하나밖에 없습니다. 학력고사에 문제가 많이 있
다 하더라도 학력고사를 시행하면 지금부터 아이들의 숨통을
트이게 해 줄 수는 있습니다."

정도의 차이는 있지만 입시 체제를 단순화시켜야 한다는 의견

에는 이현 교육전문가도 동의했다.

■ **이현** | 교육전문가

"논술과 특기자 전형을 폐지해야 하는 거죠. 그렇게 되면 수시에서는 학생부 교과하고 학생부종합전형만 남습니다. 그리고 정시가 남죠. 일단 단순화됩니다. 고등학생 입장에서는 내신 공부 열심히 하고요. 내신으로 좀 부족하면 학교에서 하는 활동도 열심히 하고요. 그다음에 수능 준비하는 정도로 단순화되는 거죠."

중부대 교육행정경영학과의 안선회 교수는 수능 제도가 가장 알맞다고 대답했다.

■ **안선회** | 중부대학교 교육행정경영학과 교수

"수능은 조작할 수가 없잖아요. 수능 점수는 대학이 제멋대로 해석하지 않잖아요. 그러니까 가장 공정한 제도는 수능일 수밖에 없습니다. 순수하게 자신의 노력으로 좋은 대학에 갈 수 있는 제도는 현재는 수능이 최고예요."

반면 미추홀 외고의 조대원 교사는 학생부종합전형에 대해 긍정적으로 평가했다.

■ **조대원** | 미추홀 외국어고등학교 교사

"학생부종합전형은 지금까지의 대한민국 입시 제도 중에서 교실의 수업 장면을 긍정적으로 바꾼 거의 유일한 입시 제도가 아닌가 생각합니다. 물론 단점도 많습니다. 그런데 학력고사 때는 다 외우는 암기식이었고, 수능 때는 미술이나 음악이 파행되었고 수학 문제만 풀었잖아요. 그래도 학생부종합전형이 있어서 학교 수업 시간에 아이들이 직접 발표하기도 하고 과제도 적극적으로 하게 됐어요. 자의든 타의든 간에 선생님들도 강의식이 아니라 아이들에게 발표 기회를 주는 수업으로 바꾸어 갔고요. 비록 끌려 가는 것이기는 했지만요. 그렇다면 이제까지 대한민국 입시 제도 중에서 어떤 제도가 과연 교실 수업을 조금 더 이상적인 장면으로 끌고 가는 데 기여했는가? 그런 점에서는 학생부종합전형이 긍정적이지 않나 생각해요."

현 상황에서 다행스러운 점은 학생부종합전형의 문제점을 제기하는 목소리가 일어나고 있다는 것이다. 대학 입시 전형에 문제점이 있다면 그것을 더 많이 드러낸 다음, 어떻게 해결할 것인지 논의할 필요가 있다. 이 제도를 고수할 것인지, 이 제도를 유지하되 문제점을 조금씩 고쳐 나갈지, 그것도 아니면 새로운 평가 방식을 모색할 것인지 말이다.

역전된 교육의 기능

대학 입시 전형에 대해 학부모와 교사는 어떻게 생각하고 있을까? 제작팀은 전국시도교육감협의회의 도움을 받아 전국 179개 고교의 고3 담당 교사, 고2 학생과 학부모 3만 8천여 명을 대상으로 대입 전형에 대한 인식을 조사했다.

대입 전형 중에서 개천에서 용이 날 수 있도록 만들어 주는 입시 제도가 무엇인지 물었다. 이 질문에 교사는 45.6%가, 학부모는 34.5%가 정시를 선택했다. 교사와 학부모 모두 다양한 제도 중에서 객관적인 점수로 평가하는 시험 형태가 공정한 경쟁에 적합하다고 생각했다.

2017년 2월, 한 대학의 입학식에서 개천에서 난 용의 상징으로 꼽히는 한 사람을 만날 수 있었다. 계층 이동의 사다리가 가능한 교육이 건강한 사회를 만든다고 이야기하는 이는 바로 김동연 경제부총리_{인터뷰 당시 아주대학교 총장}이다. 그 역시 돈, 학력, 인맥이 없는 3무 인생으로 오늘 이곳까지 왔기 때문이다. 김동연 경제부총리는 개천에서 용이 될 수 있었던 자신의 사연을 풀어놓았다.

■ **김동연** | 경제부총리·기획재정부 장관

"그 당시 서울에서 제일 가난한 사람들이 사는 청계천 무허가 판잣집으로 이사를 했습니다. 그때 저희 가족이 할머니, 어머니, 제가 장남이었고, 동생 셋 이렇게 여섯 식구가 끼니 걱정을 하며 살았죠. 제가 인생에서 거뒀던 조그만 성취들이 있다면 그 뒤안길에는 어머니가 계셨어요. 어머니는 저한테 어떤 걸 강요하지도 않으셨고 그저 그냥 손에 못이 박이도록 채석장에서 돌을 나르시고 또 나물 뜯어서 좌판하시고 그러셨어요. 그러니까 지금 그때를 생각하면 어머니 생각이 제일 많이 나죠."

김동연 경제부총리는 청계천 판자 집에서 가난한 학창 시절을 보냈지만 부모의 헌신과 교육열은 뜨거웠다. 낮에는 일하고 밤에는 대학을 다니며 주경야독한 끝에 그는 입법 고시와 행정 고시에 합격했다. 김 부총리는 고졸 신화의 주인공이 되어 소외 계층 젊은이들의 희망이 되었다. 그렇기에 그는 현 교육에 대해 깊은 우려를 표했다.

■ **김동연** | 경제부총리·기획재정부 장관

"과거 우리 사회에서 계층 이동의 중요한 역할을 했던 것은 교육이죠. 그리고 그 교육이라는 것은 온전히 자기 노력이었고, 그것이 계층 이동의 사다리 역할을 했습니다. 지금도 교육이 그와 같은 사회 이동의 일부 역할을 하는 것은 부인할 수 없지요. 하지만 금수저니, 흙수저니 하는 말처럼 어떻게 보면 제일 센 줄이 탯줄이라는 말도 있습니다. 교육이 사회적 이동을 저해하고 사회적 지위와 부를 대물림하는 수단으로써 더 많이 사용되는 느낌이 들고요. 교육의 기능이 역전되는 것은 굉장히 심각한 문제라고 생각합니다."

오롯이 노력만으로 신분 상승의 사다리가 되어 주었던 교육은 오늘날에는 다른 모습을 하고 있다. 상위 계층의 부를 대물림하기 위한 수단이 되었다. 노력만으로는 희망을 찾기 힘든 사회가 되어 가고 있는 것이다.

모두가 소중한 우리의 아이들

'성공은 노력하는 자에게 온다'는 말이 있다. 이것에 대해 사람들은 어떻게 생각할까? 한국, 미국, 일본, 중국 4개국의 20 대와 60대에게 '성공을 위한 노력의 힘은 중요한가'라는 질문을 던졌다. 결과는 어땠을까?

미국에서는 '동의한다'고 대답한 20대가 63.9%, 60대가 67.4%였다. 일본에서는 20대가 55.9%, 60대가 64.6%였고, 중국에서는 20대가 67.4%, 60대가 69.9%의 비율을 보였다. 노력의 힘에 대한 세대별 인식 차이가 크지 않았다.

하지만 한국의 경우, 세대 간 인식 차이가 크게 나타났다. 20 대는 51.2%가 동의하여 절반을 조금 웃도는 데 그쳤지만, 60대는 무려 75.5%가 동의했다. 20% 이상의 큰 차이였다. 대한민국은 젊은 사람들일수록 더 이상 노력의 힘을 믿지 않는 사회가 되어버렸다.

또한 우리나라의 부모들은 자식들이 살아갈 미래의 모습을 부정적으로 전망하고 있었다. '본인 세대보다 자식 세대의 사회·경제적 지위가 높아질 가능성'에 대한 질문에 '낮다'고 답변한 비율은 시간이 지날수록 점점 높아졌다. 20년 전에는 10%로 낮은 비율을 보였지만 최근에는 50%까지 증가했다.

이는 격차와 불평등이 보편화된 사회, 그곳에서는 미래에 대한 희망이 사라질 수밖에 없다는 것을 나타내는 증거가 아닐까. 연세대 문화인류학과 나임윤경 교수는 계층 간의 이동이 사라지고 있

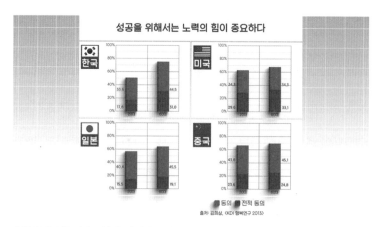

성공을 위해서는 노력의 힘이 중요하다

출처: 김희삼, 《KDI 행복연구 2013》

대한민국은 젊은 사람들일수록 더 이상 노력의 힘을 믿지 않는 사회가 되어 버렸다.

는 현실을 지적했다.

■ 나임윤경 ⏐ 연세대학교 문화인류학과 교수

"한국 사회에서 사실 계층 이동성은 거의 없죠. 현 상황에서 계
층 이동성이라고 한다면 아래로 떨어지는 이동성밖에는 없어
요. 중산층이 점점 줄고 있다는 것을 의미하는데, 비단 한국 사
회만의 현상은 아니지만 어쨌든 한국 사회에서 그 폭이 굉장히
크고 빠르게 진행되고 있다는 거예요. 이런 사회에서 과연 대학
이 계층 이동의 수단일 수 있을까요? 대학 진입 자체가 계층성
을 이미 담보하고 있는데, 그러니까 이미 안정된 계층을 확보

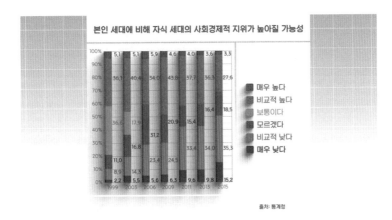

본인 세대에 비해 자식 세대의 사회경제적 지위가 높아질 가능성

	매우 높다
	비교적 높다
	보통이다
	모르겠다
	비교적 낮다
	매우 낮다

출처: 통계청

부모들은 본인 세대보다 자식 세대의 사회 경제적 지위가 더 낮을 것이라고 말한다.

한 사람들이 대학에 들어오는데 무슨 계층 이동이 가능하겠어
요?"

서울대 사회복지학과 구인회 교수는 다음과 같이 이야기했다.

■ **구인회** | 서울대학교 사회복지학과 교수

"똑같은 노력을 하는 두 사람, 갑과 을이 있어요. 갑이 가령 저
소득층 부모 아래에서 태어나면 성공할 확률이 1%밖에 안 돼
요. 그런데 고소득층 부모 아래에서 태어나면 성공할 확률이
30%가 된다고 한다면 이건 개인의 노력을 존중하는 입장에서

볼 때 형평성의 측면에서 옳지 않습니다. 그 사람이 어느 부모 아래에서 태어났느냐에 따라서 결과가 결정된다는 건데요. 다른 말로 잠재력이 있는 사람들이 단지 어려운 집안에서 태어났다는 이유만으로 잠재력이 사장당하는 사회라는 걸 가리키는 거죠. 그렇다면 그 사회는 더 이상 발전할 수 없습니다. 그래서 저는 사회 발전이나 효율성의 기준에서 볼 때도 사회 이동성 문제는 굉장히 중요하다고 생각합니다."

계층 간의 이동이 필요하고 중요하다는 점에 대해서 서울대 환경대학원 김경민 교수도 동의했다.

■ **김경민** | 서울대학교 환경대학원 교수

"서로 다른 계층이 어울려 사는 소셜 믹스Social Mix가 대안이 될 수 있다고 생각합니다. 사실 잘사는 사람들은 알아서 잘 살 수 있어요. 자원, 자본 이런 것들이 있기 때문이에요. 그렇지만 상대적으로 못 사는 계층은 서로를 볼 때 동료 효과라는 게 있잖아요. 주변을 봤는데 성공한 사례가 없다고 생각해 보세요. 그 사람들 미래에 뭐가 있겠어요. 소셜 믹스를 시도했을 때 거기에서 성공 사례가 나온다면 그것이 지역의 또 다른 좋은 롤 모델이 될 수 있는 거죠. 그렇게 된다면 전반적으로 사회 자체가 좀 더 희망적이 되고 좀 더 나은 사회가 되는 하나의 발걸음이 될 수 있다고 봅니다."

　가난 때문에, 부모 배경이 없어서 미래를 꿈꾸지 못하는 아이들이 더 이상 있어서는 안 된다. 우리 사회는 성취와 노력의 힘이 존중받는 곳이 되도록 변화해야 할 것이다. 어떤 고등학교를 다니든, 어떤 지역에 살든, 어떤 가정 환경에서 자라든 모두가 소중한 우리의 아이들이기 때문이다.

▮　　EBS 다큐프라임 「대학 입시의 진실」 제작진은 방송 후반 작업을 앞두고 상상할 수조차 없었던 정치적 격변을 맞았다.

방송이 예정된 2017년 5월은 박근혜 정부의 말기가 아니라 문재인 정부의 출범 직후가 되었다. 방송이 나간 첫 주에 한 일간지 기자가 찾아왔다. 그의 첫 번째 질문. "아니, 어떻게 정부가 바뀔 줄 알고 기다렸다는 듯이 이런 프로그램을 이렇게 빨리 만드셨어요?" 기자는 진심으로 신기하다는 표정을 짓고 있었다. 정확하진 않지만 이런 답을 했던 것 같다. "기회는 평등하게, 과정은 공정하게, 결과는 정의롭게. 「대학 입시의 진실」에서 말하고 싶었던 메시지였는데 마침 새 정부의 슬로건이네요, 참 신기한 일이죠."

2018년 5월 현재, 대통령 직속 국가교육회의는 2022학년도 대입개편안을 위한 국민의견 수렴을 본격화하고 있다. 교사와 학생, 학부모, 교육 관계자 등 수많은 이들은 수능과 학생부종합전형 등 전형 방법에 대해서는 이견이 분분하지만, 대학 입시가 학교 교육을 정상화하면서 공정하게 진행돼야 한다는 데 한 목소리를 내고 있다. 그 핵심에는 '기회의 평등과 공정성'의 가치가 담겨 있다.

제작진은 이 방송을 통해 '공정한 시스템'을 만드는 게 중요하다는 메시지를 담고 싶었다. 그것이 어떤 전형이든 상관 없이 지역에 따라 부모의 소득 격차에 따라 교육이 차별적으로 이뤄지면 안 된다. 공정한 입시를 만드는 게 어른들이 해야 하는 일이다.

제작진은 이 기획을 하면서 정말 벗어나고 싶을 정도로 괴로웠다. 파면 팔수록 더 깊은 늪에 빠지는 기분이었다. 교육 제도로 인해 소외된 학생들의 이야기, 그리고 상대적 박탈감을 느끼는 약자인 부모님들의 이야기, 학교와 사회는 그 사람들의 이야기를 무시하고 있었다. 그 목소리를 충실하게 반영하는 게 EBS뿐 아니라 언론의 역할이라고 생각한다. 그런 생각을 하며 이 다큐멘터리를 완성했다.

이제 우리는 아이들을 위해 무엇을 해야 할지 고민하고, 행동에 나서야 할 때다. 학생부의 작성이 공정해지고 입시 제도가 단단해진다면 아이들은 순수한 경쟁을 통하여 인재로 거듭날 것이다. 물론 대학 입시 제도만 바꾼다고 해서 한국 사회 전체를 바꿀수는 없다. 하지만 평등한 교육 기회의 보장이 공정한 사회, 역동성이 살아있는 대한민국의 미래를 위한 첫 걸음이 되지 않을까.

EBS 다큐프라임 「대학 입시의 진실」 제작팀

교육대기획

대학입시의 진실

초판 1쇄 인쇄 2018년 5월 18일
초판 1쇄 발행 2018년 5월 25일

지은이 EBS 다큐프라임 「대학입시의 진실」 제작진
펴낸이 김선식

경영총괄 김은영
기획 및 책임편집 이여홍 **책임마케터** 이주화
마케팅본부 이주화, 정명찬, 이보민, 최혜령, 김선욱, 이승민, 이수인, 김은지, 유미정
전략기획팀 김상윤
저작권팀 최하나, 추숙영
경영관리팀 허대우, 권송이, 윤이경, 임해랑, 김재경, 한유현
외부스태프 디자인 표지 본문 박재원

펴낸곳 다산북스 **출판등록** 2005년 12월 23일 제313-2005-00277호
주소 경기도 파주시 회동길 357 3층
전화 02-702-1724(기획편집) 02-6217-1726(마케팅) 02-704-1724(경영지원)
팩스 02-703-2219

이메일 dasanbooks@dasanbooks.com
홈페이지 www.dasanbooks.com
블로그 blog.naver.com/dasanbooks
종이 (주)한솔피엔에스 **출력·인쇄** 민언

ISBN 979-11-306-1725-1 03370

다산북스(DASANBOOKS)는 독자 여러분의 책에 관한 아이디어와 원고 투고를 기쁜 마음으로 기다리고 있습니다.
책 출간을 원하는 아이디어가 있으신 분은 이메일 dasanbooks@dasanbooks.com 또는 다산북스 홈페이지 '투고
원고'란으로 간단한 개요와 취지, 연락처 등을 보내 주세요. 머뭇거리지 말고 문을 두드리세요.